W0073345

STEREO

ROCK AROUND THE

Don & Eddie

CLOCK

MADE BY THE
PRODUCERS OF
"ROCK AROUND
THE CLOCK"!

Don't Kno

ck The Rock

UCTION · A COLUMBIA PICTURE

THE KING OF ROCK 'N' ROLL!

ALAN FREED

IN

ROCK, ROCK, ROCK

dca RELEASE

Don't Kno

ck The Rock

CTION · A COLUMBIA PICTURE

Alain Dister beschäftigt sich als Musikjournalist und Photograph mit dem Thema „Rock 'n' Roll". Zahlreiche Beiträge von ihm erschienen in der Zeitschrift „Rock & Folk" und im „Nouvel Observateur". Darüber hinaus veröffentlichte er Musikerbiographien und ist für das Musikprogramm des französischen Rundfunksenders France-Culture tätig.

Deutsche Textfassung: Claudia Bork
Wissenschaftliche Bearbeitung: Dr. Thomas Phleps

Für Elise und Marie-Hélène

Die Deutsche Bibliothek – CIP-Einheitsaufnahme

Die wilden Jahre des Rock'n Roll / Alain Dister.
Dt. Textfassung: Claudia Bork. Wiss. Bearb.: Thomas Phleps. –
Dt. Erstausg. – Ravensburg: Ravensburger Buchverl., 1994
(Abenteuer Geschichte; 46) (Ravensburger Taschenbuch)
Einheitssacht.: L'âge du rock <dt.>
ISBN 3-473-51046-7
NE: Dister, Alain; Bork, Claudia [Übers.];
Phleps, Thomas [Bearb.]; EST; 1. GT

ABENTEUER GESCHICHTE

Deutsche Erstausgabe als Ravensburger Taschenbuch
© 1994 Ravensburger Buchverlag Otto Maier GmbH

Die Originalausgabe erschien unter dem Titel
„L'âge du rock"
© 1992 Editions Gallimard, Paris

Redaktion der deutschen Fassung: Ursula Behrendt-Roden

Alle Rechte dieser Ausgabe vorbehalten durch
Ravensburger Buchverlag Otto Maier GmbH
Satz: Eduard Weishaupt, Meckenbeuren
Printed in Italy by Soc. Editoriale Libraria

5 4 3 2 1   98 97 96 95 94

ISBN 3-473-51046-7

DIE WILDEN JAHRE DES ROCK'N'ROLL

Alain Dister

Ravensburger Buchverlag

ERSTES KAPITEL

AUF DER STRASSE NACH MEMPHIS

August 1945: Mit dem Atompilz von
Hiroshima geht der Zweite Weltkrieg zu
Ende. Für die junge Generation ist die vorbild-
liche Welt ihrer Väter zusammengebrochen,
und das macht sich auch in der Musik
bemerkbar. Statt der verbrauchten Rhythmen
der Erwachsenenwelt bevorzugt die Jugend
nun den spöttischen Ton und die Lebendigkeit
der schwarzen Sänger. Ein schüchterner Junge
versucht diese Sänger zu imitieren: Elvis Presley.

Der Rhythm and
Blues der Schwar-
zen fasziniert zuneh-
mend auch das weiße
Publikum. Trotz dieses
gemeinsamen Interesses
bleibt eine Annäherung
zwischen Weißen und
Schwarzen noch pro-
blematisch.

1954: General Dwight David Eisenhower ist Präsident der Vereinigten Staaten. Zehn Jahre zuvor ging die Landung seiner GIs an den Stränden der Normandie und dann überall in ganz Europa in die Geschichte ein. Seitdem ist Amerika für viele das Symbol für wiedergewonnene Freiheit und Glück. Doch von Amerika geht gleichzeitig der kalte Krieg aus, geschürt von der ständigen Bedrohung eines nuklearen Konflikts mit der UdSSR. Die zwanghafte Angst vor dem Kommunismus löst unter der Federführung der

Senatoren Nixon und McCarthy eine wahre Hexenjagd aus, deren erste Opfer die Intellektuellen sind. In dieser Epoche der krassen Widersprüche wächst eine Generation heran, die sich ihre eigenen Werte erst suchen muß. Es ist die Zeit der Beatniks, der Angels of Desolation, der Holy Barbarians und der Protestler. Sie alle lieben den Jazz, die Poesie, die Straße, und sie stehen für den unbändigen Drang nach Freiheit und Abenteuer: Jack Kerouac und Neal Cassady, James Dean und Marlon Brando, Jackson Pollock und Robert Frank. Trotz aller Unterschiede haben sie vieles gemeinsam:

Sie verkörpern auf der Leinwand das Bild der Jugendrebellion: James Dean und Marlon Brando.

T-Shirts, Bluejeans, Lederjacken, lässige Haltung, sind dabei immer voller Neugier, ein provozierendes Lächeln auf den Lippen, freiheitsliebend, selbstbewußt und doch verletzlich.

Das schwarze und das weiße Amerika

In der Literatur Jack Kerouacs und der Photographie Robert Franks zeichnet sich bereits der Umriß eines Landes ab, das Opfer seiner Orientierungslosigkeit, seiner Unbeweglichkeit geworden ist, das nichts mehr erwartet – weder Zukunft noch Hoffnung.

Neal Cassady (unten links) ist der Held in *Unterwegs*, dem Romanmanifest der Beat-Generation, verfaßt von seinem Freund Jack Kerouac (rechts).

Das Recht auf Glück, garantiert durch die Verfassung, hat
seinen schnöden Abklatsch in einem hektischen Konsum-
rausch und einer kleinbürgerlichen Idylle gefunden, in der
lustvolle Aktivitäten – wie Tanzen, Sex oder Motorrad-
fahren – weitgehend ausgeklammert sind.

So prosperiert die weiße Gesellschaft selbstzufrieden
und mißtrauisch gegenüber allem, was ihre Ruhe stören
könnte. Dagegen genießt die schwarze Bevölkerung selbst
100 Jahre nach dem Ende des Bürgerkriegs nicht einmal
ihre vollen Bürgerrechte. Die Südstaaten praktizieren noch
immer die Rassentrennung an öffentlichen Orten und in
den Schulen. Und verglichen mit dem Lebensstandard der
Weißen ist der Lebensstandard der schwarzen Gemeinden
sowohl in der Stadt als auch auf dem Land extrem niedrig.
Kulturell isoliert, haben die Schwarzen sich eigene musikalische Ausdrucksmöglichkeiten geschaffen, die sie einer
breiten Öffentlichkeit zugänglich machen. Gründungen
von *Labels**, Konzerttourneen und lokale Radiosender
gehören dazu. Ihre Musik besitzt weit mehr Pep als die alte
Leier der aktuellen Stars Bing Crosby oder Frank Sinatra,
und dies wissen auch bald die Milchgesichter zu schätzen.

Die Schwarzen erfinden einen neuen Tanz, den Rock 'n' Roll.

Blues und Gospel sind es, die Pate stehen, als der Rock 'n'
Roll aus der Taufe gehoben wird. Den einen spielt man
in den Bars, den „juke-joints" und in den Tanzschuppen,
den anderen singt man in der Kirche. Einige der größten
Rock- und Rhythm-and-Blues-Musiker debütierten neben
Predigern und hinter einem seltsam gestimmten Harmo-
nium. Auch die seit den dreißiger Jahren sehr populären
Vokalgruppen – hier wären vor allem die Ink Spots zu
nennen – kommen ursprünglich vom Gospel. Während
die Spirituals stark religiös motiviert bleiben, wenden sich
die Bluesanhänger mehr weltlicheren Themen – wie der
Teenagerliebe – zu.

Am Wochenende finden Bluesmusiker und Prediger-
anwärter in Tanzorchestern gute Verdienstmöglichkeiten.
Einer der dort gespielten Tänze trägt die Bezeichnung
„Rock and Roll": sich wiegen, rollen, schaukeln, schwan-
ken..., das bildreiche Vokabular der Schwarzen schert sich
wenig um die Prüderie der weißen Welt, wenn es darum
geht, die körperliche Lust dieses Tanzes zu beschreiben.
Man kennt diese Musik- und Tanzrichtung bereits seit den

Zu Beginn der fünfzi-
ger Jahre gehört
die populäre Musik der
Schwarzen zu einer der
wichtigsten Inspirations-
quellen der Jugendlichen.
Rechts der Sänger und
Pianist Ray Charles, der
aus der Verbindung von
Blues und Gospel seinen
unverwechselbaren Stil
entwickelte.

* *kursive Begriffe* (außer
Musik- und Buchtitel)
siehe Glossar S. 184.

vierziger Jahren, als einige Bluessänger damit
begonnen hatten, „shouting" zu singen, begleitet
von einem „honking" Tenorsaxophon und an-
getrieben von einem Boogie-Beat oder einem
Shuffle-Rhythmus.

Im Rock findet
man diese Technik
bei Little Richard,
„Screamin"
Jay Hawkins
und auch bei
Ray Charles.
Als Pianist,
Organist,
Saxophonist

und Sänger kombiniert der stark vom Gospel geprägte Ray Charles geschickt das Beste der schwarzen Musik: Blues, Jazz und Soul. Von Jerry Wexler entdeckt, spielt er eine Reihe von erfolgreichen Titeln auf Platte ein, die beim jungen Publikum sofort Erfolg haben: *I Got A Woman, What'd I Say, Hit The Road, Jack.*

Fats Domino

Meist werden diese Titel in improvisierten Studios von New Orleans, Memphis, Saint Louis oder Chicago aufgenommen, den wichtigen Städten des Blues, die die alte Einwandererroute Richtung Norden säumen. Noch vor den Großstädten

Die ersten Bands des Pianisten Fats Domino spielen bereits Ende der vierziger Jahre Rock 'n' Roll.

New York oder Los Angeles sind es vor allem die Radiostationen des tiefen Südens, die diese Musik zuerst auf ihren Wellen senden. Kleine Plattenfirmen schießen wie Pilze aus dem Boden: Vee Jay, Stax, King, mit ihren Stars, Howlin'Wolf, der in Memphis bei einem gewissen Sam Phillips

RATTLE AND ROCK!

Aufnahmen macht, oder Muddy Waters und Sonny Boy Williamson: allesamt erfahrene Bluesmen und ausgezeichnete Musiker, die ihren alten Sound verschärft und elektrifiziert haben. Weiter im Süden liegt das Königreich der Pianisten. Die Wurzeln ihrer Musikrichtung reichen bis in die Bordelle des französischen Viertels von New Orleans.

Fats Domino (Blueberry Hill, My Blue Heaven) entwickelt mit seinem Coautor und Produzenten Dave Bartholome, einst Trompeter bei Duke Ellington, einen typischen Sound, in dem sich verschiedene Einflüsse vermischen. Die Palette reicht von kreolischen Klängen über Boogie-Woogie bis zum Rhythm and Blues, der zur Zeit in den Tanzschuppen Mode ist. Er genießt einen soliden lokalen Ruf, noch bevor der Rock 'n' Roll eigentlich aufkommt.

Das exakte Geburtsdatum des Rock 'n' Roll ist nur schwer zu bestimmen.

War es 1951, als sich der Sänger Johnnie Ray ähnlich konvulsiv auf der Bühne bewegte, wie es einige schwarze Sänger taten? Oder war es im Juli 1953, als ein schüchterner

Kinder der weißen puritanischen Gesellschaft empfinden ein unverhohlenes Vergnügen daran, Wörter zu benutzen, die voller unterschwelliger Anspielungen stecken: „shake, rattle, rock, roll" assoziieren Leidenschaft und körperliche Liebe. Diese Ausdrücke haben die Schwarzen schon immer in den Momenten größter Begeisterung in ihrer Musik benutzt. Ihre weißen Nachahmer, wie etwa Bill Haley, versuchen nun, deren hintergründigen Sinn abzuschwächen, um sich der Zensur zu entziehen… und um mehr Schallplatten zu verkaufen.

Johnnie Ray (unten) entwickelt einen sehr persönlichen Stil: Während seiner Konzerte windet er sich schluchzend und stöhnend auf der Bühne. Seine Erfolgstitel von 1952: *The Little Cloud That Cried* und *Cry*.

junger Mann namens Elvis Presley an die Tür von Sam Phillips' Studio klopfte, um zum Geburtstag seiner Mutter eine Schallplatte aufzunehmen? Vielleicht war es auch im März 1955, als der Film Saat der Gewalt (Blackboard Jungle) in die Kinos kam, mit der Originalfilmmusik von einem gewissen Bill Haley? Oder war 1951 die Geburtsstunde dieser Musik, als ein cleverer Discjockey, Alan Freed, sich brüstete, den neuen Modetanz aus der Taufe zu heben, und dem Kind den Namen Rock 'n' Roll gab?

Das Datum spielt eigentlich keine so große Rolle, in dieser oder jener Form existiert diese Musik bei den Schwarzen schon lange. Gewisse Größen des Showbusineß aber wollen gern als die wahren Urheber dieser Musikrichtung gehandelt werden. Allerdings hat ein Großteil des weißen Publikums noch keinen Zugang zu dieser Musik. Denn welcher brave Jugendliche kann sich zu diesem Zeitpunkt so ohne weiteres mit dem leicht beängstigenden Image eines Howlin' Wolf oder eines Sonny Boy Williamson identifizieren? Es ist höchste Zeit, diesen vielen potentiellen Kunden ein glaubhaftes Produkt anzubieten, das mit allen Reizen und

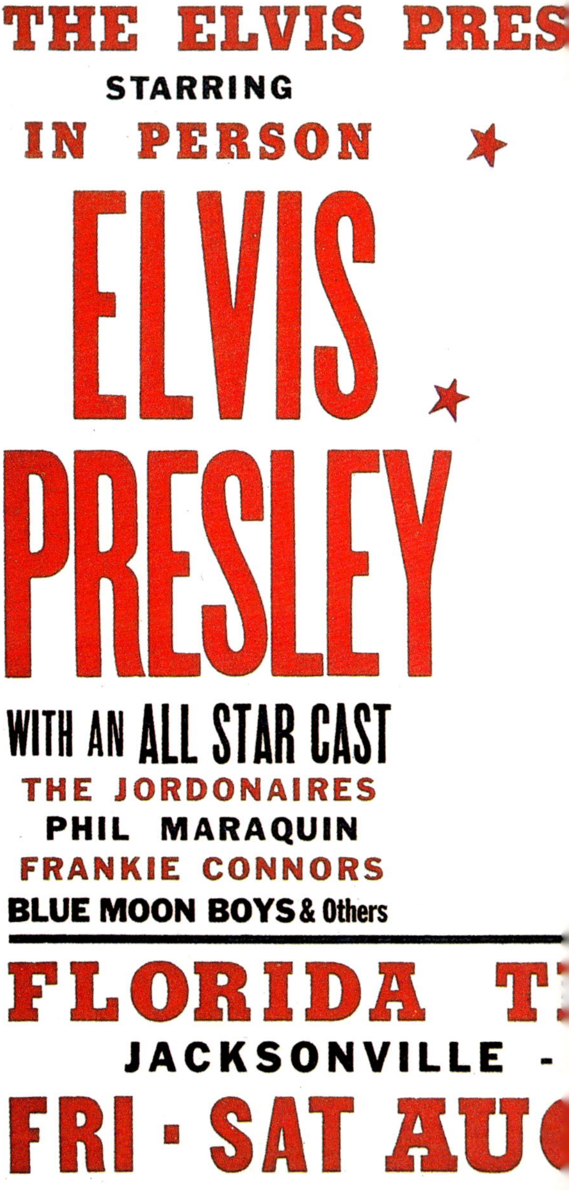

THE ELVIS PRES

STARRING

IN PERSON

ELVIS PRESLEY

WITH AN **ALL STAR CAST**

THE JORDONAIRES

PHIL MARAQUIN

FRANKIE CONNORS

BLUE MOON BOYS & Others

FLORIDA T

JACKSONVILLE -

FRI · SAT AU

Y SHOW positiven Klischees von Jugend, Schönheit und romantischem Rebellentum ausgestattet ist. James Dean in *Sie wissen nicht, was sie tun (Rebel Without A Cause* von Nicholas Ray) und Marlon Brando in *Der Wilde (The Wild Ones* von Laszlo Benedek) haben bereits den Weg aufgezeigt, denn sie verkörpern schon diese vage Auflehnung gegen eine Erwachsenenwelt, die nichts als Langeweile, Anpassung und Feigheit hervorzubringen scheint.

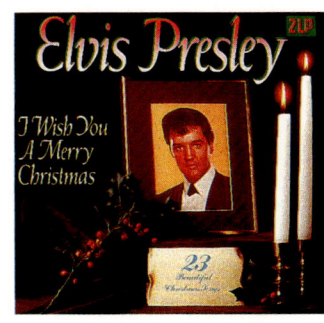

„Gebt mir einen Weißen, der wie ein Schwarzer singt, und ich werde eine Million Dollar verdienen." Sam Phillips 1954

D er junge Elvis arbeitet an seiner Stimme, indem er Kirchenlieder singt und sich dabei auf der Heimorgel selbst begleitet.

Auch Elvis Presley ist das Image des sanften Rebellen wie auf den Leib geschnitten: Etwas ungehobelte Umgangsformen, das Haar ein wenig lang, die Kleidung

A uch wenn Elvis die Gitarre ganz passabel spielen kann, wird er meist von Profigitarristen wie Scotty Moore begleitet.

etwas nachlässig, und ein halbes, schelmisches Lächeln
auf den Lippen; die Schale scheint rauh, doch der Kern
ist weich. In den Augen der Südstaatler hat Elvis Aron
Presley, 1935 im Bundesstaat Mississippi geboren, nur
einen Fehler: Er hat sich die Großen des schwarzen
Blues, wie B. B. King, Howlin' Wolf, Arthur Crudup u. a.
zum Vorbild gemacht und ahmt ihre Intonation, ihren
Stil und gutturalen Akzent nach.

Hin- und hergerissen zwischen religiösen Gefühlen
und heftigen Impulsen, zwischen Frömmigkeit und
Genußsucht, ist er das perfekte Abbild des tiefen Südens.
Auf der einen Seite ist er ein nettes, schüchternes Mutter-
söhnchen, guter Christ und Gospelfan, und andererseits
der Rocker mit sinnlichem Schmollmund, der zu exzessi-
ven Auftritten und Ausschweifungen neigt. Während der
brave Elvis im Sommer 1953 ins Plattenstudio gekommen
ist, um eine Schnulze für seine Mutter aufzunehmen, läßt
sich der wilde Elvis in den Pausen dazu hinreißen, eine
bekannte Rock-'n'-Roll-Nummer zu grölen. Mit letzterer
erregt er natürlich die Aufmerksamkeit von Sam Phillips,
dem Boß von Sun Records. Sich des neuen Phänomens
bewußt, daß immer mehr weiße Jugendliche Blues- und
Rhythm-and-Blues-Schallplatten kaufen, glaubt Phillips
mit Elvis schließlich den seltenen Fisch an der Angel
zu haben, auf den er schon gewartet hat: ein Weißer, der
wie ein Schwarzer singt. Ohne Zeit zu verlieren, läßt er
ihn Arthur („Big Boy") Crudups 15 Jahre alten Titel *That's
All Right* aufnehmen. Begleitet wird Elvis von den Studio-
musikern Scotty Moore (Gitarre), Bill Black (Kontrabaß)
und J. D. Fontana (Schlagzeug). Alle drei tapfere Burschen
aus Tennessee, die es eher gewohnt sind, *Country and
Western* zu spielen, die aber auch fetzigere Töne wie den
Rhythm and Blues nicht verachten. Diese Art, den guten
alten Country aufzumotzen, bekommt einen Namen:
Rockabilly. Die ersten – und besten – Aufnahmen von
Elvis zeugen von dieser raffinierten Mischung, der
Verschmelzung von Black Music und Cowboy-Serenaden.

Jerry Lee Lewis, der blonde „Killer"

Als Sun Records die erste Platte herausbringt, die die
Musik der Schwarzen mit Country, der Musik der Weißen,
verbindet, ist ein Tabu gebrochen. Bisher wäre eine künst-
lerische Verknüpfung von „weißen" und „schwarzen" Stil-
richtungen undenkbar gewesen.

Einige Stimmen bezeichnen Elvis als die Marionette von „Colonel" Tom Parker. Dagegen spricht zwar, daß Elvis ein exzellenter Schauspieler und Selbstdarsteller seines eigenen Mythos war, doch ließ er sich auch in unzähligen drittklassigen Kinofilmen vorführen.

Als Jerry Lee Lewis bei demselben Label unter Vertrag genom-
men wird, hebt Sun Records damit
ein weiteres Tabu auf, nämlich
das der unverblümten Worte, der
rohen Sprache der schwarzen Bluesmen, die keine Umschreibungen
benutzen, um von Liebe und Sex
zu sprechen *(Great Balls Of Fire)*.
Wie Elvis war Lewis in seiner
Jugend ein frommer Bursche, der
fundamentalistische Bibelschulen
besuchte, bevor er dem Teufel
seine Seele verkaufte. Bereits in
seinen Jugendjahren tritt er als
beachtlicher Pianist öffentlich auf.
Er geht in Begleitung seines Vaters
auf Tournee, spielt auf Märkten
und Jahrmärkten.

Jerry Lee spielt einen kräfti-
gen Boogie, eine Mischung aus
dem in Kirchen üblichen Stil und
dem, der in den Bordellen von New
Orleans zu hören ist. Alkohol, Spiel
und Frauen heißen die Verlockun-
gen der Straße, von denen der junge
Mann auf seinen Etappen kostet.
Die ganze Lewis-Familie bewegt
sich ständig zwischen religiöser
Schwärmerei und Ausschweifung.
Ist der Schwager von Jerry Lee nicht
der berühmte Fernsehprediger
Jimmy Swaggert, berüchtigt für
seine flammenden Schwüre wie für
seine Besuche einschlägiger Viertel?
In ihrer Kirche, der Assembly of
God (derselben, der auch Elvis
Presley angehört), wird gesungen,
bis man in Trance fällt; man
„spricht in Zungen" und schlägt
sich auf die Brust, wobei man sich
aller Schandtaten selbst bezichtigt,
besonders sexueller. Sobald man
die Kirche verlassen hat, nimmt
man die alten Gewohnheiten

wieder auf, die Bordellbesuche, die Besäufnisse, die Pokerspiele: *A Whole Lotta Shakin' Goin' On*.

Der Country and Western der weißen Farmer versöhnt sich mit dem Blues der Schwarzen.

Nicht alle Interpreten lassen sich vom Rock-'n'-Roll-Fieber anstecken. Verglichen mit den Eskapaden eines Jerry Lee Lewis oder eines Little Richard, scheint die Existenz eines Carl Perkins oder eines Bill Haley geradezu geruhsam und wohlgeordnet. Perkins gehörte bereits vor den Rockmusikern zum Stall von Sun Records. Als erfahrener Countrymusiker fällt es ihm leicht, seine Rhythmusbetonung so zu verändern, daß seine selbstgeschriebenen Titel mehr zum Rock 'n' Roll tendieren, wie etwa sein berühmtes *Blue Suede Shoes*.

L ittle Richard (unten) konnte sich nie zwischen Kirche und Straße entscheiden.

Auch Carl Perkins folgt, wie so viele andere Musiker seiner Generation, dem von Hank Williams – einer wahren Country-music-Legende – vorgezeichneten Weg. In dessen stark vom Blues gefärbten Songs brechen Geist und Text des Rock 'n' Roll mit dem Kanon traditioneller Country-musik. Williams wird übrigens, wie später auch Elvis Presley, beim Grand Ole Opry in Nashville zur Persona non grata erklärt. Doch darum scheren sich andere Musiker der großen Städte des Nordostens nur wenig, etwa Bill Haley und seine Comets.

Rock around the Clock

Seit Anfang der fünfziger Jahre mischt der ehemalige Discjockey Bill Haley sein Repertoire aus Country-and-Western-Klassikern mit Erfolgsnummern des Rhythm and Blues. Natürlich sind es gerade diese Rhythm-and-Blues-Titel, die beim jüngeren Publikum ankommen, selbst wenn Bill Haley aufgrund der prüden Moral der Weißen den Inhalt einiger Hits entschärft: Der ursprünglich fast obszöne Titel *Shake, Rattle And Roll*, ein Ghetto-Hit von Joe Turner, verwandelt sich in Bill Haleys *Coverversion* in einen harmlosen Song für Jugendliche,

Die akrobatischen Bewegungen des Rock 'n' Roll sind das Erbe schwarzer, durch die Tanzlokale der weißen Mittelklasse gefilterten Tänze: Cake-Walk, Two-Step, Black Bottom, Shimmy, Jive … Sie verstärken noch den schlechten Ruf, den der Rock 'n' Roll bei den amerikanischen Sittenwächtern sowieso schon hat.

doch der Rhythmus ist gefunden. Der Begriff „Rock" kommt nun in einer ganzen Reihe von Titeln vor, die den Sängern Erfolg garantieren, und geht bald um die ganze Welt.

Das im April 1954 aufgenommene *Rock Around The Clock* nimmt einen ersten Rang in der Geschichte der Rockmusik ein.

THE NEWEST **BIGGEST** ROCK'N'ROLL MOVIE OF ALL !

Im Jahre 1955 nimmt sich das Kino des neuen Phänomens Rock'n' Roll an und verstärkt seine Popularität.

ALAN FREED

LITTLE RICHARD DAVE APPELL AND HIS APPLEJACKS

Als interessantester Part der Originalfilmmusik von *Saat der Gewalt (Blackboard Jungle)* wird seine Bedeutung erst nach Anlaufen des Films deutlich. Nun beginnt für Bill Haley und seine Comets ein ungeahntes Leben: Sie, die rundbäuchigen, leicht ergrauten Oldies, die fast kleinbürgerlichen Amerikaner, die sich nur hin und

Bill Haley und der Discjockey Alan Freed (oben), der sich selbst die Erfindung des Begriffs Rock'n' Roll zuschreibt.

wieder im Takt schwar-
zer Rhythmen austo-
ben, sehen sich von
heute auf morgen in
den Rang von Rädels-
führern der rebellie-
renden Jugend gehoben.
Ihre Konzerte führen
ständig zu Saalschlachten, und in der ganzen Welt
stehen die Namen auf den Lederjacken der Rebellen.
Wenn eine Musik für sich allein bereits solche Emotionen
weckt, was wäre, wenn ihre Interpreten noch ihrerseits das
Bild des potentiell gefährlichen Aufrührers verkörpern
würden?

Wilde Streiche

Trotz seiner Mimik und exzentrischen Posen auf der Bühne
hat Elvis nie jemandem Angst eingeflößt; ganz anders
hingegen Gene Vincent, Eddie Cochran und etwas später
Vince Taylor: Hier sind sie nun endlich, die wilden Jungs,
würdige Nachfahren der Motorradfahrer vom Schlage eines
Marlon Brando. Sie entsprechen dem in den Medien ver-
breiteten Ruf des Rock 'n' Roll von Gewalt, Provokation
und Ausschreitungen auf allen Gebieten. Sie, die Interpreten eines leicht abgewandelten Country, haben sich einen
Habitus zugelegt, der als Provokation empfunden wird.
Von Kopf bis Fuß in schwarzes Leder gehüllt, verschrecken
sie die Elterngeneration, die sicherlich das relativ brave
Image eines Elvis Presley vorzieht. Seit seinem Engagement bei RCA nimmt der zahme Elvis unter der Fuchtel
von „Colonel" Tom Parker schmachtende Slows wie

Eddie Cochran, Held
und Märtyrer des
Rock 'n' Roll, kurz vor
seinem Unfalltod im
Jahre 1960.

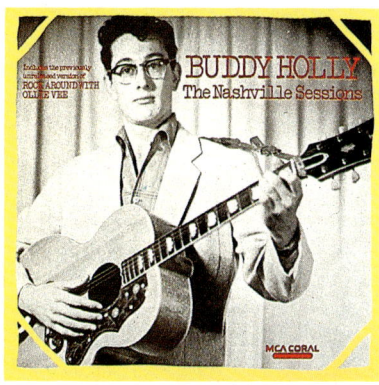

Love Me Tender und *Crying in The Chapel* auf. Dagegen halten Gene Vincent *(Be-Bop-A-Lula)* und Eddie Cochran *(Summertime Blues)* die Fahne des rebellischen Rock 'n' Roll hoch. Ihr Stil, ihr Image und ihre Kleidung werden zum Vorbild für einen Großteil der jungen Amerikaner. Harmloser erscheint dagegen Buddy Holly, dessen Aussehen eher an einen bebrillten Studenten als an einen Rock-Wüstling denken läßt. Doch auch er gehört zu den Rock-Rebellen, hat er doch dem Country and Western den Rücken gekehrt, indem er ein Schlagzeug hinzufügt und Rhythmen spielt, die dem Rhythm and Blues entlehnt sind. So wird die Musikrichtung des Rockabilly kreiert.

Seine großen Erfolge *That'll Be The Day* und *Peggy Sue* kündeten bereits von einer vielversprechenden Karriere, doch stirbt er am 3. Februar 1959 im Alter von nur 22 Jahren bei einem Flugzeugabsturz. Auch den Chicano-Sänger Ritchie Valens, unsterblich geworden durch den Hit *La Bamba*, kostet dieser Unfall das Leben.

Buddy Holly, einer der größten Neuerer des Rock 'n' Roll, wird Opfer eines Flugzeugunglücks.

Gene Vincent und seine Bluecaps (unten): Der Rockabilly-Strolch aus dem Kreis der letzten Rebellen des goldenen Pionierzeitalters.

ZWEITES KAPITEL

DIE ERFINDUNG DES TEENAGERS

Frühling 1955: Voller Schrecken beobachten Eltern den seltsamen Wandel ihrer Sprößlinge. Die Teenager stylen ihr Haar mit Pomade, tragen Bluejeans und Lederjacken, rauchen, vergnügen sich mit seltsamen Tänzen, flirten auf offener Straße und fahren Motorroller. Ein ganz neues Lebensgefühl, das seine Wurzeln in den USA hat, erreicht die westliche Welt.

Die ersten Beatniks (links) haben in den frühen fünfziger Jahren den Weg vorgezeichnet: Das junge Amerika will sich von den herrschenden Tabus befreien. In den Jukeboxes ersetzt jetzt der Rock 'n' Roll den Jazz und die Country-musik; die Plattenindustrie entdeckt die jugendliche Käuferschicht.

1955 besitzt der amerikanische Durchschnittsjugendliche eine beträchtliche Kaufkraft, gepaart mit einer Neigung zum Kaufrausch, die der der Eltern in nichts nachsteht. Da dieser Jugendliche einen neuen Markt darstellt, wird man ihn von nun an mit speziell für ihn geschaffenen Produkten überschwemmen: Lederjacke und T-Shirt nach dem Vorbild Marlon Brandos, Thunderbird oder Corvette à la Hollywood-Lover, Comics der Marke Marvel, Filme und Schallplatten. Die Erfindung der Single und des tragbaren Plattenspielers erlauben es, sich sein eigenes Klang-

Die ersten Rock-'n'-Roll-Sänger haben ihre Spuren auch in der Alltagsmode hinterlassen: Auf der Straße sieht man jetzt Jugendliche, die die Frisur wie Eddie Cochran, eine Jacke wie Buddy Holly und blaue Wildlederschuhe wie Carl Perkins tragen.

universum zu schaffen. Bisher hing dies von der Gunst des Familienvaters und seiner schweren Musiktruhe im Wohnzimmer ab.

We Live For Cars And Girls, singen Ende der sechziger Jahre die Dictators, eine amerikanische Gruppe aus Detroit, und huldigen damit der Erinnerung an diese Zeiten der

Unbeschwertheit und des wirtschaftlichen Wachstums. Presse, Soziologen und Eltern entdecken plötzlich ein neues Phänomen: den „Teenager", der nicht mehr dem Vorbild seiner Eltern entsprechen will; er sucht seine eigene Idole.

Nach und nach ersetzen die Rock-'n'-Roll-Hits die alten Standards, und dank der von Wurlitzer erfundenen Musikbox hört man den Rock 'n' Roll überall dort, wo Jugendliche sind – in Europa ebenso wie in Amerika.

Der Sound des Rock 'n' Roll bringt jedes Tanzbein in Schwung. Es ist die Zeit der Surprise-Partys, der berühmten Tanzfeten, die die Eltern in dem Maß in Schrecken versetzen, wie sie bei ihren Kindern hemmungslose Begeisterung hervorrufen.

Die Zeit der Balladen

Die Songs werden zum unmittelbaren Ausdrucksmittel der Teenager, zeichnen sie doch genau den atemberaubenden Wechsel von Hoch und Tief nach, der jeden Pubertierenden schüttelt. So wechseln auf den Platten schnelle Rockstücke mit schmachtenden Slows, die zudem den körperlichen Kontakt und das Flirten erleichtern. Nach und nach weichen die aus dem Blues übernommenen Themen wie Einsamkeit, Verlassenwerden, Glück und Hoffnungslosigkeit (Elvis Presley: *Heartbreak Hotel*) seichten Balladen mit rhythmischen Wortspielen (Gene Vincent: *Be-Bop-A-Lula*). Der *Doo-Wop* der schwarzen Gruppen, dieser nur sparsam begleitete Vokalstil, wird seit Mitte der fünfziger Jahre viel gespielt.

Hunderte von Laienbands versuchen mit selbstgestrickten Stücken ihr Glück in den Hitparaden und imitieren Vokalgruppen aus den

Vorkriegszeiten wie die Ink Spots. Die bekanntesten bleiben die Coasters aus Los Angeles (*Yakety Yak*), die Drifters aus New York mit ihrem Sänger Ben E. King (*Have The Last Dance For Me*), die Five Satins aus New Haven (*In The Still Of The Night*), die Moonglows, die Penguins, die Cadillacs, die Olympics, die Flamingos und vor allem die Platters aus Detroit mit ihrer sagenhaften Hitserie (*Only You, The Great Pretender, Smoke Gets In Your Eyes*). Scharen von Textschreibern und Komponisten schreiben Balladen speziell für den Teenagermarkt. Zweiergespanne wie Mort Shuman-„Doc" Pomus, Leiber-Stoller oder Goffin-King sind aufgrund einiger kleiner Meisterwerke von Liebesliedern unvergessen geblieben. Diese handeln von jugendlicher Liebe und sind voller sentimentaler Poesie und absurder Themen, wie etwa der Surfin' Bird, den die Rivingtons besingen. 20 Jahre später lassen sich New Yorker Punks, die Ramones, von diesem minimalistischen Rock 'n' Roll inspirieren.

In den fünfziger Jahren ist die Spritztour (Cruising) die beliebteste Freizeitbeschäftigung der jungen Amerikaner, die die Freuden der motorisierten Unabhängigkeit zur selben Zeit wie den Rock 'n' Roll entdecken. Im sonnigen Süden und Westen der USA bevorzugt man Cabriolets. Die Spritztouren führen meist jedoch nicht über die Stadtgrenzen der kleinen Orte hinaus, wo sich Snackbars an Freilichtkinos reihen.

Chuck Berrys Träume vom Auto

Die Entwicklung der örtlichen Radiosender und das rasche Wachstum des Plattenmarkts verleihen dem Discjockey einen immer wichtigeren Platz im Getriebe des Showbusineß. Er ist es, der über Erfolg oder Mißerfolg einer Produktion dieses oder jenes Künstlers entscheidet. Einige dieser Discjockeys bestehen sogar darauf, im Tausch gegen wiederholte Ausstrahlung der Stücke als Coautoren aufzutreten. Alan Freed zum Beispiel, der das Potential erkennt, das in dem jungen Text- und Songschreiber Chuck Berry steckt, verlangt von diesem, daß er den Gewinn seiner ersten Lieder mit ihm teilt. Im Gegenzug werden diese Stücke ständig über

Chuck Berrys mitreißende Bewegungen und insbesondere sein legendärer „Entenschritt" finden viele Nachahmer. Auch weiße Musiker wie George Thorogood und Keith Richards gehören zu der langen Liste derer, die diesen Vollblutmusiker aus den Schwarzenghettos gern kopieren.

den Äther gejagt, und so gelangt *Maybelline* 1955 in die Hitparade. Wie die meisten Songs von Chuck Berry handelt es von dem Traum aller schlaflosen Teenienächte: dem Auto. Andere haben weniger erfreuliche Themen wie Schule (*School Days*), das Umherirren am Samstagabend (*No Particular Place To Go*) oder die Gefühle des Erwachsenwerdens (*Almost Grown*) zum klangvollen Thema.

Ebenso wie das Kino dieser Zeit spiegelt auch der Rock 'n' Roll das Bedürfnis einer ganzen Generation wider, sich von einigen lästigen Tabus ihrer Eltern zu befreien, vor allem, was die Sexualität anbelangt. In dem aufregenden Übergangsstadium zwischen Kindheit und Erwachsenenwelt, dem „in between", ist alles erlaubt..., zumindest im Rahmen der durch die herrschende Moral auferlegten Schranken: Noch sind Jungen von den Pyjamapartys in den Schlafsälen der Mädchen ausgeschlossen!

Chuck Berry, der von Muddy Waters fasziniert ist, hat keine Schwierigkeiten, die Struktur des Blues leicht zu verändern, um das endgültige Rhythmusmodell des Rock 'n' Roll zu entwerfen. Die Variationsbreite seines Spiels, seine Bühnenpräsenz und nicht zuletzt sein berühmter „Entenschritt" werden zum auffälligen Markenzeichen. Zwar ist der Auftritt seines Kollegen Bo Diddley weniger furios, dafür hat Diddley einen musikalischen Extrahappen anzubieten. Seine „Riffs", eine Reihe von kurzen Melodien, die zur Begleitung unablässig wiederholt werden, machen ihn berühmt. Die rhythmische Intensität, die von diesem Sound ausgeht, ähnelt dem Boogie eines John Lee Hooker.

Bis Ende der fünfziger Jahre ist der Rock 'n' Roll nicht mehr aufzuhalten.

Die „musikalische Ursuppe" des Rock 'n' Roll, eine Mischung aus Gospel, Rhythm and Blues und Country and Western, hat sich nun in unterschiedliche Bestandteile auseinanderdividiert. So liegen Welten zwischen einem vom Wege abgekommenen Prediger wie Little Richard, (alias Richard Penniman) und dem braven Paul Anka. Ersterer lebt offen seine Homosexualität aus, spielt wie ein Teufel Klavier, posiert auf der Bühne ebenso akrobatisch wie Jerry Lee Lewis, und trotz seines rüpelhaften Benehmens ahnt man in Kompositionen wie Lucille oder Long Tall Sally etwas von seiner Arbeit als Gelegenheitsprediger. Little Richard verkörpert so bis zur Perfektion die beiden Pole des Rock: Religiosität und Exzentrik.

Paul Anka hingegen entspricht eher dem Zuschnitt der neuen Stargeneration, die der Rock 'n' Roll hervorgebracht hat. Trotz des Riesenerfolgs mit Songs wie *Diana* (1957) macht er den Eindruck eines harmlosen und beruhigend normalen Jungen, ganz nach dem Muster der braven Kopien der ersten Rockstars wie Ricky Nelson (*Hello Mary Lou*) oder den Everly Brothers (*Bye Bye Love* und *Wake Up Little Susie*, 1957). Sie schufen einen Vokalstil, der in den dreißiger und vierziger Jahren en vogue war und sich auf Harmonienreichtum gründet: eine Lektion, die wenige Zeit später auch die Beach Boys und die Beatles lernen sollten.

Pechsträhnen und Schicksalsschläge

Gegen Ende der fünfziger Jahre scheint der Rock 'n' Roll seine ganze ursprüngliche Vitalität eingebüßt zu haben. Viele der wilden Väter des Rock 'n' Roll sind zahm geworden oder verschwinden von der Bildfläche, oft hilft auch das Establishment ein wenig nach. Dies gilt für Little Richard, den ehemals skandalträchtigsten von allen, den Mann, der die Philosophie des Rock in dem unsterblichen Satz zusammenzufassen wußte: „A-wop-bop-a-loo-bop-a-lop-bam-boom." Als Prediger Penniman wendet er sich 1957 der Religion zu. Seitdem ist er mal bescheidener Bibelverkäufer, dann wieder heißblütiger Rocker auf den Spuren seiner aufregenden Jugend.

Ricky Nelson (unten), die smarte Kopie von Elvis Presley, schreibt Ende der fünfziger Jahre eine Reihe von unvergessenen Songs, wie etwa *Hello Mary Lou*.

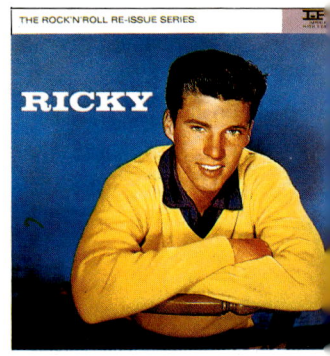

Little Richard (rechts) erklärt sich selbst – wie Elvis Presley – zum „King of Rock 'n' Roll". Neidisch auf dessen Titel, verbietet er seinen Musikern, sich wie Elvis zu benehmen, und so wird Jimi Hendrix 1965 aus der Gruppe geworfen, weil er dies vergessen hatte. 1957 gibt Little Richard die Musik ganz auf, um sich fortan dem Verkauf von Bibeln zu widmen. Danach tritt er nur noch vereinzelt auf, ohne jedoch sein extravagantes Gebaren abgelegt zu haben.

Das Jahr 1958 beginnt mit Elvis Presleys Einberufung zum Militärdienst in der Bundesrepublik Deutschland. „Colonel" Tom Parker hat das Image des Rebellen, das der King besaß, längst zerstört: Der König ist nun ohne seine Kleider und muß sich wie alle anderen fügen – vor allem, um den Verkauf seiner Platten zu fördern. Auch wenn Elvis für den Rock noch nicht ganz verloren ist, so ist es doch mit dem Mythos, den er einmal verkörperte, vorbei. Statt dessen wird er von den Medien als treusorgender Familienvater präsentiert (er ist inzwischen mit Priscilla, der Tochter eines Colonels verheiratet), der hart unter der Knute seines Managers arbeiten muß.

STEINWAY & SONS

A.HAMLET

Was macht es da schon, daß besagte Arbeit aus einer
ununterbrochenen Abfolge wirklich schlechter Filme
besteht... 1958 nimmt auch die Karriere von Jerry Lee
Lewis ihr vorzeitiges Ende: Die Hochzeit mit seiner
dreizehnjährigen Cousine trägt ihm nicht gerade die
Sympathie der Medien ein, und so fällt er während
einer vielversprechenden Tournee bei der besonders
prüden englischen Presse in absolute Ungnade. Von nun
an muß er sich damit bescheiden, Country zu spielen.

Uncle Sams Rache

1959 ereignen sich noch größere Katastrophen: Buddy
Hollys Flugzeugabsturz und Chuck Berrys Höllenfahrt.
Letzterer war dem prüden Amerika ohnehin schon lange
ein Dorn im Auge. Ein Schwarzer an der Spitze der Hitparaden, der zudem auch noch Geschichten von jungen
Mädchen erzählt – und das zu zweideutigen Körperbewe-
gungen auf der Bühne! Die Gelegenheit, ihn zu kompro-
mittieren, bietet sich, als er ein Landes-
gesetz bricht, das untersagt, die
Grenze zweier Bundesstaaten in
Begleitung einer Minderjährigen
zu überschreiten. Trotz seiner
Beteuerungen, daß nichts zwischen ihm und dem Mädchen
gewesen sei, daß sie bezüglich ihres
Alters gelogen habe und sein Prozeß

rassistisch motiviert sei, wird er nach langwieriger Gerichtsverhandlungen zu zwei Jahren Zuchthaus verurteilt. Ist er damit zunächst von der Bildfläche verschwunden, so lebt seine Musik doch in den ersten Erfolgen der Beatles und Rolling Stones wieder auf. Es sind geradezu Huldigungen an seinen Sound.

1960 trifft das Schicksal ein letztes Mal die Pioniere des Rock. Das Taxi, das Eddy Cochran und Gene Vincent zum Flugplatz von London bringen sollte, stößt frontal mit einem Lastwagen zusammen: Cochran ist auf der Stelle tot, Gene Vincent überlebt schwerbehindert.

Die Gnadenfrist des Rock 'n' Roll hat nicht einmal fünf Jahre gedauert, und das spießige Amerika atmet auf: Endlich kann man zu den alten Werten zurückkehren. Schon beginnt man in der Provinz damit, Platten zu verbrennen, und hängt Plakate mit Boykottaufrufen gegen die Radiosender auf, die schwarze Musik senden – die Musik also, die den Rock ins Rollen gebracht hat. Und all die unbeugsamen Rebellen des Rock sind jetzt entweder angepaßt oder tot. Die heißen, aus dem Blues übernommenen Themen haben, für eine Weile zumindest, oberflächlichen Liedchen Platz gemacht. Trotzdem hat der Rock seine Spuren im Unterbewußtsein einer ganzen Generation hinterlassen. Dank seiner ursprünglichen Energie, seinem Mut zu Konventions- und Tabubrüchen hat er dieser Generation erlaubt, sich aus der Erstarrung der Nachkriegsjahre zu lösen. In gewissem Sinne hat der Rock auch die Wahl John F. Kennedys zum Präsidenten der Vereinigten Staaten im November 1960 beeinflußt. Traf dieser Präsidentschaftskandidat doch genau den Nerv einer Jugend, der sich musikalisch artikuliert hatte.

Was wäre aus Jerry Lee Lewis oder Chuck Berry (links) geworden, wenn das Schicksal in Gestalt selbsternannter amerikanischer Sittenwächter ihnen nicht so übel mitgespielt hätte? Vielleicht hätten sie sogar Elvis Presley in den Schatten gestellt, dessen Stern 1959 schon langsam unterging? Der Einfluß Chuck Berrys auf die Musik ist jedenfalls sehr viel stärker gewesen als der des „King": Die Mehrzahl aller englischen Gruppen der sechziger Jahre – allen voran die Beatles und die Rolling Stones – begannen ihre Karriere mit Chuck-Berry-Nummern. Seine Gitarren-Intros, mit denen seine Stücke einsetzten, und die Akkordfolgen, die er in den fünfziger Jahren erfand, gehören auch heute noch zum Repertoire jedes Rockanfängers.

Nach Jahren der Macht konservativer, korrupter und undurchsichtiger Politiker begehrt das junge Amerika auf und bringt 1960 einen jungen Mann mit Starprofil an die Macht: John Fitzgerald Kennedy. Sein Tod im Jahre 1963 fällt mit dem Aufkommen der Protestsongs zusammen, dem ersten Zeichen einer politischen Protestbewegung innerhalb des Rock.

Teeny-Boppers und Bobby-Soxers

Sind die Mädchen im Publikum lautstark präsent, trifft man sie zunächst fast nie als aktive Musikerinnen des Rock 'n' Roll an. Eine Ausnahme ist Brenda Lee, die mit *Dynamite* 1958 und *I'm Sorry* 1960 in die Annalen des Rock eingeht und ein seltenes Beispiel einer Solokarriere in einer von Männern dominierten Welt darstellt. Offensichtlich sind weibliche Idole dieser Zeit eher im Kino zu suchen, wofür Schauspielerinnen wie Brigitte Bardot und Marylin Monroe sprechen. Der Rock hingegen bleibt vorerst eine reine Männerdomäne, denn die Männer sind es, die sich zu dieser Zeit eher leisten können, gesellschaftliche Normen zu verletzen und Tabus zu brechen. Auf dieser dünnen Eisfläche kann Brenda Lee nur das Image einer ein wenig nervösen und braven Oberschülerin anbieten.

Die Dinge werden Anfang der sechziger Jahre mit zwei überragenden Monolithen des Musikbusineß ins Rollen kommen, mit Phil Spector in Kalifornien und George „Shadow" Morton in New York. Ersterer erfindet eine neue Aufnahmetechnik, die ihm eine ungebrochene Serie von Spitzenhits in den Hitparaden eintragen wird. Spector versammelt im Studio so viele Musiker und Chorsänger wie nur irgend möglich. Mit Echokammern und Mehrfachüberspielungen erreicht er einen satten Soundeffekt, einen „Wall of sound", der an den Gospelgottesdienst in einer überfüllten Kirche am Sonntag denken läßt. Die von Phil

...*presenting th*
RON
featuring **VER**

BE MY BABY •
BA
C
WHAT'D I SA
W

Veronica, genannt „Ronnie", die hübsche Sängerin der Ronettes

ETTES

ICA

CLUDING:

IN THE RAIN • DO I LOVE YOU
YOU • BREAKIN' UP
OVE • SO YOUNG
BABY • HOW DOES IT FEEL?
YOU • I WONDER

Spector produzierten Künstler sind vorwiegend Frauengruppen, schöne Mestizinnen, wie die Crystals (*Da-Do-Ron-Ron*) oder die Ronettes (*Be My Baby*), zu der auch seine frischgebackene Ehefrau Ronnie zählt.

Mit Phil wächst die Rockproduktion definitiv aus ihren Kinderschuhen heraus. Von jetzt an ist es möglich, für jeden Künstler einen individuellen Sound zu kreieren.

George „Shadow" Morton setzt sich zur selben Zeit als zweiter bahnbrechender Produzent mit seiner Lieblingsgruppe durch, den Shangri-Las. Alle Mitglieder dieser Band sind weiblich und weiß, leben in Queens, New York, und haben ein weitaus provozierenderes Image als der Unschuldsengel Brenda Lee. Diese Mädchen singen von ihrer komplizierten und tragischen Liebe zu Motorradfahrern (*Leader Of The Pack*, 1964) und führen auch in der Realität ein Leben, das einem Jerry Lee Lewis alle Ehre machen würde.

Der Rock 'n' Roll landet in England.

Ab 1956 feiert der Rock 'n' Roll auch in Europa große Erfolge. Die Erfindung der Jukebox und Kinofilme, wie *Saat der Gewalt* mit Bill Haleys Musik und die ersten Elvis-Presley-Filme, King Creole und Jailhouse Rock, haben daran einen wesentlichen Anteil. Darüber hinaus verbreiten die amerikanischen Militärstützpunkte mit ihren gut ausgestatteten PX-Läden (Armeeshops) und Radiosendern (AFN) den Rock in der jeweiligen Region.

Auf ihren europaweiten Tourneen lösen Fats Domino, Little Richard und Gene Vincent nicht nur beim Publikum große Begeisterung aus. Auch viele Musiker

Man nennt sie Teeny-Boppers oder, wegen ihrer weißen Söckchen („socks"), auch Bobby-Soxers. Sie sind hübsch und einen Hauch verrucht, aber niemals provozierend, denn die Zensur verbietet den Mädchen des Rock die Posen ihrer männlichen Kollegen.

fühlen sich durch den Sound stark inspiriert. Gerade in England ist der Boden dafür am fruchtbarsten. Eine gemeinsame Sprache, ein proletarischer Background und ein Klima, das offen ist für die Sprache der Rebellion, geben geradezu einen idealen Nährboden für die begierige Aufnahme der heißen Songs ab. Hier taucht nun eine neue Spezies auf: der Rocker.

In den vierziger und fünfziger Jahren fasziniert die Europäer eigentlich alles, was aus dem Land der Stars and Stripes kommt. Sie haben schließlich gerade sechs Jahre Krieg und Entbehrungen erleiden müssen, und amerikanische Kleidung, Filme, Schallplatten und Stars werden zum Symbol von Freiheit und Selbstverwirklichung. Die ersten englischen Rocksänger sind folgerichtig originalgetreue Kopien ihrer amerikanischen Vorbilder. Man erkennt Elvis oder Gene Vincent wieder in Tommy Steele (*Singing The Blues*, 1957), Billy Fury, Marty Wilde und Rory Storm. Die Bildersprache des Rock 'n' Roll ist jetzt allerdings ganz der Provokation verschrieben. Verbunden mit britischer Extravaganz ergibt das so schillernde Figuren wie Wee Willie Harris, dessen mit reichlich Brillantine und rosa Tönung gestylter Haaraufbau sogar einem Little Richard hätte gefallen können ... Ein anderer Richard gewinnt sehr schnell die Gunst des Publikums. Cliff Richard empfindet dieselben religiösen – und wahrscheinlich auch sexuellen – Neigungen wie sein Vorbild, wenn auch weniger ausgeprägt. Er bleibt dabei ganz der „coolen" Haltung verpflichtet, die die weißen amerikanischen Rocker demonstrieren. Zweifellos ist er ein guter Sänger (*Living Doll*, 1959), aber er ist vor allem ein Stilist, inspiriert

Ende der fünfziger Jahre kultiviert der „Teddy-boy" in England einen eleganten Kleidungsstil, der sich an der Garderobe von Edward II. orientiert (Ted war die Verkleinerungsform von Edward). In Clubs zusammengeschlossen, geben die Teddy-boys dem gerade erst in Großbritannien angelangten Rockabilly eine neue Dimension.

Der von Chubby Checker erfundene Twist mit dem berühmten Markensong *Let's Twist Again* elektrisiert unweigerlich jeden Zuhörer, und das auf eine sehr individuelle Art: Papst Johannes XXIII. verurteilt diesen „diabolica saltatio" (teuflischen Tanz), als er Anfang der sechziger Jahre in Europa aufkommt. Das hindert die junge Generation aber ganz und gar nicht daran, weitere exzentrische Tänze zu entwickeln, wie den Madison, Jerk, Mashed-Potatoes …

vom „soften" Elvis der Parker-Jahre. Seine Darbietungen stellen jedoch niemals die seiner Begleiter, der Shadows, in den Schatten. Von Hank Marvin zusammengebracht, werden die Shadows mit ihrem technisch sauberen Spiel, geschmackvollen Arrangements und effektvollen Elektrogitarren-Tremoli in den frühen sechziger Jahren neben den Ventures zur stilbildenden Gitarrencombo. Die bekanntesten Stücke der Shadows, die ohne Cliff Richard entstanden sind, wie etwa *Apache* (1960) oder *Kon Tiki*, erregen die Aufmerksamkeit eines Publikums, das bisher Instrumente mit Verstärkern skeptisch beurteilte. Eine Reihe zukünftiger „Guitar-heroes" werden ihre Berufung gefühlt haben, als sie Hank Marvin und die Shadows im britischen Fernsehen gesehen haben.

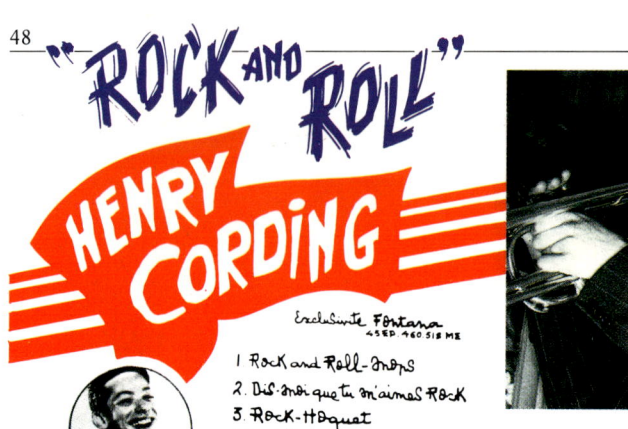

"ROCK AND ROLL"

HENRY CORDING

Exclusivité Fontana
45EP 460.515 ME

1. Rock and Roll-mops
2. Dis-moi que tu m'aimes ROCK
3. Rock-Hoquet
4. Va t'faire cuire un œuf, man!

et la voix de HENRI SALVADOR

Die Rock-'n'-Roll-Welle schwappt nach Frankreich.

In Frankreich wird der Rock 'n' Roll zunächst wie ein Gag sonderbarer Amerikaner aufgenommen. Dagegen sehen Jazzfans wie Boris Vian oder Henri Salvador im Rock einen etwas skurrilen Ableger der Urwüchsigkeit der Bluesmusiker. Diese Einschätzung offenbart sich in absurden Songtiteln wie *Rock 'n' roll mops* oder *Va t'faire cuire un oeuf, man* (1956, Text von Boris Vian, Musik von Michel Legrand).

Die ersten Rocker haben es also nicht leicht in Frankreich, niemand, außer sie selbst, nimmt sie ernst. Dennoch kaufen viele die amerikanischen 45er-Schallplatten in den PX-Läden der Army oder ergattern sie bei den wenigen Plattenhändlern, die sie anbieten. Diese Platten sind es schließlich auch, die den französischen Sängern, die sich in das Abenteuer Rock 'n' Roll stürzen, als Vorbild dienen. Allerdings imitieren sie die Mimik und die Texte ihrer Vorbilder oft

auf abenteuerliche Weise. So entsteht der „Joghurt", die phonetische Karikatur des Englischen, unsterblich geworden durch das einige Jahre später als Hommage an diesen Stil entstandene Chanson von Jacques Dutronc, *La Fashion Conediou*. Im großen und ganzen geht es darum, ein Englisch, das nur ganz wenige verstehen, lautmalerisch nachzuempfinden. Der Text spielt dabei keine Rolle, es zählt nur die Absicht und die Körpersprache. Danyel Gérard ist der erste Star dieser nationalen Variante der Rockmusik.

Seine Auftritte Ende der fünfziger Jahre erinnern an Johnnie Ray, der noch vor Elvis Presley konvulsivische Verrenkungen praktizierte.

Die Presse verschont ihn nicht und beschreibt ihn als „Sänger kurz vor dem Erstickungstod". Schließlich setzt die Einberufung zum Militärdienst seiner Karriere

Das Aufkommen des Rock 'n' Roll in Frankreich wird nicht von allen begrüßt: Während die einen begeistert sind, bekämpfen andere ihn, und die Konzerte arten nicht selten in Schlägereien aus.

Liebhaber des Swing, wie Boris Vian (links oben) und Henri Salvador (links unten), können den Rock 'n' Roll nicht einfach ignorieren.

ein rasches Ende. Danyel Gérard ist das erste Opfer dieser staatlichen Maßnahmen, die den französischen Rock teuer zu stehen kommen wird. Anläßlich des Algerienkriegs werden die Soldaten für mehr als zwei Jahre einberufen. Als sie anschließend wiederkommen, sind ihre alten Freunde in alle Himmelsrichtungen zerstreut.

Twist again

1960 sieht man die Crème de la crème des französischen Rock im Theater Golf Drouot in Paris auftreten. Johnny Hallyday (*Souvenirs, souvenirs*), dessen Eltern Schauspieler waren,

versteht es, sein Image durch eine Kopie von James Dean und Elvis Presley aufzubauen, während Eddie Mitchell und seine Chaussettes Noires Gene Vincent und den Bluecaps nacheifern. Im Süden sind es Dick Rivers und seine Chats Sauvages, die aus der amerikanischen Militärbasis von Villefranche einige Brocken Rock 'n' Roll aufschnappen. Nun wird

Die Chaussettes Noires von Eddie Mitchell und die Chats Sauvages von Dick Rivers buhlen 1961 um die Gunst des Publikums. Twist à Saint-Tropez, eines der seltenen Meisterwerke dieser ersten Welle des französischen Rock, geht auf das Konto der Chats Sauvages.

auch der durch Chubby Checker zu Ehren gekommene Twist entdeckt – eine echte Revolution für die Tänzer, denn von nun an gibt es keinen direkten Körperkontakt mehr beim Tanzen. Es ist eine unbeschwerte Zeit, blendet man die für Franzosen unvermeidliche Einberufung nach Nordafrika aus.

Von Zeit zu Zeit erinnert ein Aufflackern von Gewalt daran, daß die ganze Bewegung des Rock 'n' Roll aus einer großen Frustration heraus geboren wurde, nämlich aus dem schrecklich beengten gesellschaftlichen Kontext der Nachkriegsära. Die Presse zerreißt sich anläßlich von Saalschlachten, mit denen so manches Rockkonzert endet, genüßlich das Maul. Man beschwört das Schreckensbild der schwarzen Lederjacken mit ungehobeltem Benehmen. Kerle wie Marlon Brando sind es in der Tat, die, ganz in Leder gekleidet, den braven Bürgern einen gehörigen Schrecken einjagen.

Auf der kleinen Bühne des Golf Drouot treten unter der Leitung von Henri Leproux die Stars des Tages ebenso auf wie die Hoffnungen von morgen. Das „phénomène copain", eine Art Karaoke französischer Teens, wurde hier geboren: Vor einer Jukebox, aus der die Originalversionen der Hits zu hören sind, imitieren die Stammgäste die Musikinterpreten. Jedes Wochenende wetteifern sie um die Ehre, im Tremplin, einem Radio-Quiz für Rockgruppen, aufzutreten.

Das Radio entdeckt die Rockmusik.

Das Showbusineß boomt, und man erkennt sehr schnell die Kaufkraft der Jugendgeneration. Geburtenwachstum läßt das Interesse an diesem neuen Käuferpotential noch weiter in die Höhe schnellen. Die Plattenfirmen lancieren Gruppen, Sänger und Sängerinnen, ohne zu sehr auf Qualität und Talent zu achten. Alles, was von jenseits des Atlantiks kommt, wird vermarktet. Auch die Radiosender sind zunehmend an Musik interessiert, die ihre Zuhörerschaft vergrößert. In Frankreich sendet der neu eingerichtete Sender Europe I den Rock im Original, aber auch in „übersetzter" Version. Dagegen gibt es in der Bundesrepublik allein Mr. Pumpernickels (alias Chris Howland) Sendung „Boing" einmal die Woche inmitten der wortreichen Langeweile des öffentlich-rechtlichen Rundfunks. Aber wer kann, d. h. in der notwendigen Reichweite wohnt, hört die Soldatensender der Besatzer (BFN/BFBS und AFN) und selbstverständlich Radio Luxemburg.

Johnny Hallyday und Sylvie Vartan, Ted Herold, Peter Kraus und Conny gehören zweifellos zu den Lieblingen der Teenager in der Bundesrepublik Deutschland und Frankreich. Anfang der sechziger Jahre scheint der Rock 'n' Roll so populär zu sein, daß sich die Generation

der Erwachsenen langsam über ihre euphorischen Sprößlinge beunruhigt zeigt; befürchten sie doch, daß ihnen der Einfluß auf die junge Generation mehr und mehr entgleitet. Die Ausschreitungen bei Konzerten dienen nun als Vorwand,

VIENS DANSER LE TWIST
Partie 1 en Français
Partie 2 en Anglais
DOUCE VIOLENCE
Il FAUT SAISIR SA CHANCE
NOUS, QUAND ON S'EMBRASSE
TOI QUI REGRETTES
AVEC UNE POIGNÉE DE TERRE
TU PEUX LA PRENDRE

Rockkonzerte ganz zu verbieten. Doch nach und nach ist der harte Kern isoliert, die schwarzen Lederjacken werden als ein etwas veraltetes folkloristisches Element in die Arbeitervororte abgedrängt. An ihre Stelle tritt jetzt ein neues Phänomen, der sentimentale Rock, der frei ist von subversiven Einflüssen. In diesem Sinne folgt die Bewegung in den westeuropäischen Ländern der Entwicklung in Amerika, allerdings mit einigen Jahren Verspätung. In den nächsten Jahren vollzieht

Im Jahr 1961 defilieren die Rockgruppen auf den Straßen Frankreichs (links) an ihren Fans vorbei. Begeisterung wiegt den Mangel an Talent auf, und temperamentvolle Bühnendarbietungen lassen selbst die mangelhafte Ausrüstung vergessen.

nny **HALLYDAY**

sich in England, und dann auch in den USA, ein schneller sozialer Wandel, dessen Takt der Rock angibt. Dagegen bleibt es in Deutschland und Frankreich bis 1968 noch recht ruhig.

Johnny Hallyday, eine Ikone des Rock'n' Roll. Zu seiner Zeit kommt der Twist immer mehr in Mode.

Drittes Kapitel

DIE STUNDE DES ROCK SCHLÄGT IN ENGLAND

Provinzmusiker waren es, die den Rock 'n' Roll in Amerika erfanden, und auch in England sind die ersten Auswirkungen der Poprevolution in der Provinz zu entdecken: Die Beatles erobern mit ihrem Liverpool-Akzent und der naiven Frische ihrer Songs die Herzen der Babyboomgeneration. Bald reiten Tausende von Gruppen auf dieser Welle mit.

Den ganzen Sommer 1964 heißt es in Brighton Rocker (links) gegen *Mods*. Dieser Mode- und Musikstreit geht schließlich zugunsten der Mods aus.

Liverpool 1960: Der Rock 'n' Roll faßt in der Arbeiterklasse der Seeleute, Hafenarbeiter und Busfahrer Fuß. Nach und nach geben die örtlichen Musikgruppen den *Skiffle* auf, der in den Jahren der Depression in Amerika als Verbindung von Folklore und Jazz entstanden war und in England Ende der fünfziger Jahre wiederbelebt wurde. Lonnie Donegan, der berühmteste Interpret dieser Musikrichtung, lernte den Jazz bei Chris Barber kennen. John Lennon ist Ende der fünfziger Jahre einer seiner glühendsten Anhänger.

Liverpool und die Beatles

Im Verlaufe des Sommers 1957 bittet Lennon den Gitarristen Paul McCartney, in seine Skiffle-Gruppe, die Quarrymen, einzutreten. Er war ihm mit der Eddie-Cochran-Nummer

THE BEATLES

Brian Epstein (unten links) entdeckt die Beatles in ihrem Stammclub „The Cavern" in Liverpool. Zunächst ist er vor allem von der Persönlichkeit John Lennons beeindruckt. Der erste Schritt auf dem Weg von der Vorstadtband zur weltweit erfolgreichen Truppe besteht für den Promoter darin, das Image der Gruppe aufzupolieren. So bemüht er sich, den leichten Rockereinschlag der vier Jungens zu glätten und sie mit Anzügen auszustaffieren, die unauffälliger sind als ihre Lederjacken. Nachdem sie nun für ein größeres Publikum akzeptabel geworden sind, nehmen die Beatles ihre ersten Erfolgshits auf, darunter das berühmte *Please, Please Me* (unten), eine eindringliche Bitte um Zuneigung, auf die das Publikum heftig reagiert.

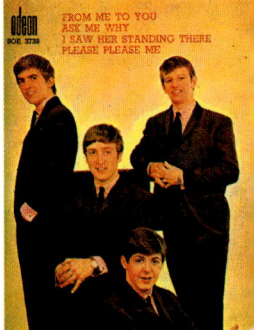

Twenty Flight Rock aufgefallen. McCartney bringt einen noch jüngeren Freund mit, George Harrison. Aus den Quarrymen (von Quarry Bank School, John Lennons Gymnasium) werden Johnny and The Moondogs, und dann Johnny and The Silver Beetles (Silberskarabäen) – Namen, die an Buddy Holly und seine Crickets erinnern sollen. Auch der Name The Beatles, auf den sich die Band schließlich einigt (ein Wortspiel von Lennon über das Wort „beat" – Takt), ist als Verbeugung vor Buddy Holly zu verstehen.

Die Beatles spielten häufig in „The Cavern", einem kleinen Kellerclub. Außerdem touren sie durch Deutschland und treten in Reeperbahnclubs in Hamburg, vor allem im „Star-Club" auf. Dort „entführt" eine schöne Photographin, Astrid Kirchherr, den Gitarristen der Gruppe, Stu Sutcliffe. Sie ist es auch, die den Beatles zu ihrem außergewöhnlichen Haarschnitt, dem berühmten Pilzkopf, rät.

Der australische Photograph Robert Freeman setzt die Beatles als wahre Ikone ins Bild. Das Photo, das 1963 für das Cover ihres zweiten Albums aufgenommen wurde, wird noch lange für den „Beatles-Stil" charakteristisch sein. Ihr Haarschnitt markiert den Ausgangspunkt für die „Befreiung" der Haarmode, die Schule machen wird.

1962 wird der größte Plattenhändler Liverpools, Brian Epstein, Manager der Beatles.

Erste Konsequenz: Pete Best wird durch Richard Starkey, genannt Ringo Starr, ersetzt, der bisher Schlagzeuger bei Rory Storm and The Hurricanes war. Die endgültige Zusammensetzung des magischen Quartetts steht nun fest.

Die Beatlemania ergreift die Welt.

Ihr erstes Album (*Please Please Me*, 1963) zeigt, welchen Einflüssen die Beatles unterliegen: Die Vokalharmonien sind den Everly Brothers und die Gitarrenriffs Chuck Berry entliehen, eingängige Melodien erinnern an Buddy Holly und Falsette an Little Richard. Mit Texten wie *Love Me Do, I Wanna Be Your Man, Hold Me Tight, I Want To Hold Your Hand*, gesungen im schönsten nordenglischen Akzent, wenden sie sich direkt an das Publikum. Je populärer die vier Pilzköpfe werden, desto mehr ersetzen Songs von Lennon und McCartney die amerikanischen Rock- und Rhythm-and-Blues-Standards.

Der Erfolg der Beatles ermutigt Brian Epstein, eine wahre Armada von Gruppen unter dem Schutz seiner Firma, Northern Songs, vom Stapel zu lassen. Diese Bewegung, die unter dem Namen Mersey Beat bekannt wurde (abgeleitet vom Mersey River, der Liverpool durchfließt), bringt Gruppen wie Gerry and The Pacemakers, Freddie and The Dreamers und Cilla Black hervor, eines der wenigen Mädchen, die sich zu dieser Zeit auf die Bühne wagen.

Für die Beatles beginnt nun das leicht verrückte Abenteuer, das unter dem Namen Beatlemania in die Geschichte eingeht: Ihre Konzerte führen zu Tumulten,

TO HOLD YOUR HAND • IT WON'T BE LONG
A BE YOUR MAN • TILL THERE WAS YOU

Die Beatles wurden oft zu Photoinszenierungen von zweifelhaftem Geschmack genötigt. Dies ging auf das Konto von Werbekampagnen, derer sie bald überdrüssig wurden. Ihre Fans wissen nichts von solchen Qualen und geben ihrer Begeisterung lautstark Ausdruck (unten). Musik und Texte gehen oft im allgemeinen Tohuwabohu unter. Was soll's! Die „Fab Four" zu sehen, das ist es, was zählt.

Die „Fab Four" aus Liverpool

Im Jahr 1961 sind die Beatles in Hamburg, wo sie die junge Photographin Astrid Kirchherr photographiert. Sie verliebt sich in den Gitarristen Stu Sutcliffe (Photo rechts oben, in der Mitte), der einige Monate später an einem Gehirntumor stirbt. Es gab damals also zunächst fünf Beatles (Photo links oben, von links nach rechts: Pete Best, George Harrison, John Lennon, Paul McCartney und Stu Sutcliffe). Die Formation von drei Gitarristen erinnert an die Shadows, eine für den englischen Rock der damaligen Zeit obligatorische Reverenz. Einzig John Lennon scheint ein Instrument von größerem Wert zu besitzen – eine Rickenbacker, die wenig später zur charakteristischen Gitarre der Beatles wird. Zwei Jahre darauf, nun auf ein Quartett geschrumpft (unten), verändern sie ihr Outfit völlig: Aus den Jungs mit Lederjacken sind schicke junge Leute geworden. Als sie schon sehr berühmt sind, kommen sie noch einmal, zweifellos das letzte Mal, in ihren kleinen Club, „The Cavern", nach Liverpool zurück, wo sie einst debütierten. Dieser Club, obwohl eine Legende, wurde später abgerissen. Ein Museum, einige Denkmäler und Straßennamen bewahren jedoch vor Ort die Erinnerung an die „Fab Four".

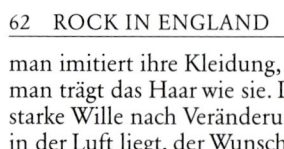

man imitiert ihre Kleidung, und man trägt das Haar wie sie. Der starke Wille nach Veränderung, der in der Luft liegt, der Wunsch, das alte viktorianische England zum Teufel zu schicken, wird von den „Fab Four" verkörpert. Ihre Singles verkaufen sich zu Millionen.

Bald schon ist Großbritannien zu klein für die Beatlemania, und sie tritt ihren Triumphzug durch Europa und dann auch durch die Vereinigten Staaten an. Nur Frankreich, vom Yeah-Yeah-Fieber befallen, bleibt ausgespart. Im Frühling 1963 treten die Beatles dann als Vorgruppe von Sylvie Vartan im Pariser l'Olympia auf.

Die englische Stunde des Blues

Währenddessen profitiert die Londoner Musikszene von den Tourneen der Bluesmusiker Big Bill Broonzy, Muddy Waters und Sonny Boy Williamson. Um Alexis Korner und Cyril Davies scharen sich junge Talente: Mick Jagger, Charlie Watts, Jack Bruce, Ginger Baker … im Grunde all diejenigen, die im Laufe der Jahre die Popmusik am stärksten beeinflussen werden. Korner und John Mayall, ein Neuankömmling aus Manchester, bemühen sich, in Musik und Text den Meistern des Blues treu zu bleiben. Es ist eine Schule, die Eric Clapton, Peter Green, John McVie und Mick Taylor nie vergessen werden. Sie alle sind „Absolventen" der Bluesbreakers von Mayall und samt ihrem Chef mitverantwortlich für den Mitte der sechziger Jahre einsetzenden Bluesboom. Den Zöglingen der Blues Incorporated von Alexis Korner, den Rolling Stones (ein bei Muddy Waters entlehnter Name), wird ihrerseits ein außergewöhnliches Schicksal zuteil.

Keith Richards und Mick Jagger kennen sich schon seit ihrer Kindheit. Mit Brian Jones und Charlie Watts, den sie bei Korner kennenlernen, teilen sie ihre Vorliebe für den Rhythm and Blues und orientieren sich an deren Musikern mit ihrer phantasievollen frischen Sprache der Straße, der lässigen Haltung und einer gewissen Extravaganz bezüglich Haartracht und Kleidung. Mick Jagger übertreibt nach Lust und Laune und stellt Elvis und seinen berühmten Hüftschwung weit in den Schatten ... Der erste Manager der Rolling Stones, Andrew Loog Oldham, weiß dies zu schätzen, grenzen sie sich so wenigstens deutlich genug von den Beatles ab.

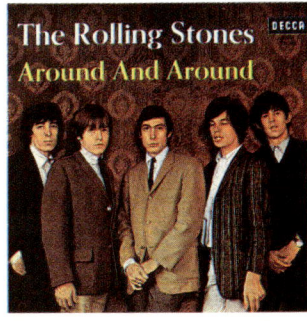

Das erste, 1964 erschienene Album der Stones stellt eine direkte Hommage an Chuck Berry dar. Der Kontrast zu den Beatles – ihren wahren oder angeblichen Rivalen – ist frappierend. Sie legen sowohl Einheitskleidung als auch das gewinnende Lächeln auf der Bühne ab und folgen den Ratschlägen ihres Managers Andrew Loog Oldham, sich so spontan wie möglich zu gebärden, keine Zugeständnisse gegenüber Photographen zu machen und sich immer und überall möglichst gelangweilt und aufsässig zu geben.

Die Rolling Stones 1964, von links nach rechts: Brian Jones, Charlie Watts, Mick Jagger und Keith Richards. Wie so häufig nicht im Bild: Baßist Bill Wyman.

In ihrem ersten Album huldigen die Stones vor allem jenen, die sie beeinflußt haben, allen voran Chuck Berry (*Around And Around*). Diese Anerkennung ermöglicht es Chuck Berry, sein Publikum wiederzufinden, als er aus dem Gefängnis entlassen wird. Brian Jones – in Wahrheit der eigentliche Gründer der Gruppe – ist der heimliche Favorit der Band. Zwischen Keith Richards und ihm entwickelt sich eine angespannte Atmosphäre, Ergebnis eines

Die Rolling Stones versetzen dem Image des tugendhaften, traditionsbewußten Engländers einen bösen Schlag. Sie pflegen nicht mehr den guten Oxfordakzent, sondern übernehmen den Dialekt der Schwarzen von Chicago, der besonders roh ist. Ihr schlechter Ruf trägt ihnen oft Scherereien ein: Brian Jones (im Oberhemd, rechts) wird mehrmals wegen Besitzes von Haschisch festgenommen. Von Keith Richards als Bandleader angefochten, zieht er sich nach und nach zurück, bis er die Band 1969, kurz vor seinem Tod, verläßt.

verbitterten Machtkampfes um die Position des Band-
leaders. Jones, der verletzlichere, gibt schließlich als erster
auf. Der rasche Erfolg der Stones fördert eine englische
Welle des Rhythm and
Blues.

In London schließen
sich 1964 die Pretty Things
um Dick Taylor zusammen,
Gründungsmitglied der
ersten Stones. Die ein Jahr
zuvor gegründeten Yard-
birds haben nacheinander
drei legendäre Gitarristen
in ihrer Gruppe: Eric Clapton, der erste „guitar-hero",
verläßt die Band, als er berühmt wird (*For Your Love*);
der zweite, Jeff Beck, definiert das Spielen auf der
Elektrogitarre neu, indem er
bislang ungehörte Sound-

effekte in sein Spiel integriert, vor allem Rückkopplungen
und Verzerrungen (*Shapes Of Things*); wäre noch der dritte
im Bund zu erwähnen, Jimmy Page, genannt Vasall oder
Studiohai, der bei fast allen großen Erfolgen der damaligen
Zeit mitspielt und auf seine große Stunde wartet (die mit
Led Zeppelin Ende 1968 schlägt).

In Newcastle folgen die Animals mit ihrem Sänger
Eric Burdon den Spuren von John Lee Hooker (*Boom-
Boom*), und in Irland vertreten Van Morrison und die
Them einen etwas härteren Rhythm and Blues (*Gloria*).
Allen gemeinsam ist der eiserne Wille, Punkte in der Hit-
parade zu machen. Denn es geht um „quick fame, quick
money, quick sex"; Geld, Ruhm und Sex, und zwar schnell.

Mods und Rocker

Mit dem englischen Rock lassen sich nicht nur Platten
verkaufen, sondern er ist auch ein hervorragendes Werbe-
mittel für andere Produkte: Miniröcke und Kosmetik (Mary
Quant), Friseursalons (Vidal Sassoon), Boots, Anzüge ...

Aber über die Kleidung hinaus ist es die ganze Gesellschaft, die der archaisch anmutenden viktorianischen
Epoche den Rücken gekehrt hat und in Bewegung geraten
ist. Diese Veränderungen gefallen natürlich nicht jedem.

Die Pretty Things
hätten ebenso
berühmt werden können
wie die Rolling Stones.
Ihr Bandleader, der
Gitarrist Dick Taylor
(zweiter von rechts),
gehörte übrigens 1962
den Stones an, zu einer
Zeit also, als diese
Gruppe fast noch in den
Kinderschuhen steckte.
Als die Pretty Things
bekannt werden, gehen
sie in ihrer Provokation
zweifellos zu weit,
und das Publikum hat
Schwierigkeiten, ihrem
schnellen Wandel von
Image und Outfit zu
folgen: Sie tragen die
Haare am längsten und
kleiden sich am lässig-
sten von allen. Ihre
Musik hingegen ist dem
originalen Rhythm and
Blues näher als die
vieler anderer englischer
Gruppen.

Die Anhänger des reinen Rock 'n' Roll sehen in der zunehmenden Kommerzialisierung dieser Musikrichtung eine Verfälschung der ursprünglichen „Message" und eine Verarmung des eigentlichen Energiepotentials dieses Musikgenres. Hartnäckig behalten sie die Attribute der ersten Rock 'n' Roller bei: Elvistolle, Schmalzlocke, Lederjacken, protzige englische Motorräder. Diese Rocker aus dem Arbeitermilieu legen sich regelmäßig mit ihren Feinden, den Mods (= „moderns") an, jungen Studenten der Art schools, kleinbürgerliche Städter mit kurzen Haaren, nach französischer Art gekleidet und mit aufgemotzten Motorrollern: Carnaby Street, das Londoner Klamottenviertel, gegen den Club 59. Symbolisch findet die Trennung zwischen beiden Strömungen 1962 statt, als die Beatles sich von Pete Best trennen, weil dieser das neue Soft-Image ablehnt.

Es geht vor allem darum, sich cool und halb abgehoben zu geben. Die Mods sind die ersten, die Rauschmittel, vor allem Amphetamine („purple hearts"), zu Hilfe nehmen, um dem Friday- und Saturday-night fever frönen zu können. Es sind heiße Wochenenden in den Clubs von Soho, denn gerade haben die Kinder des Babybooms ihre Unabhängigkeit und das ganze Vergnügen, das sich daraus ziehen läßt, entdeckt. Ihr Musikgeschmack bringt sie zum Modern Jazz, den sie andächtig zu Hause hören, und zum

Die Motorradfahrer des Club 59 sind alle Anhänger englischer Marken (BSA, Norton oder Triumph) und empfinden es als Provokation, als die Mods ab 1963 auf herausgeputzten italienischen Motorrollern wie der Vespa (oben) fahren. Zu dem Streit um die richtige Art der Motorisierung kommen die tiefen Gegensätze im Musikgeschmack. Die Motorradfahrer – oder Rocker (oben rechts) – sind Anhänger des weißen Rock 'n' Roll der fünfziger Jahre, während die Mods die neuen englischen Gruppen, vor allem The Who bevorzugen, deren Modediktat sie blind folgen. Auch die Mädchen müssen sich zwischen den Rockern und den Mods entscheiden, mit allen Konsequenzen für ihr eigenes Outfit.

klassischen Rhythm and Blues, wenn sie am Wochenende tanzen wollen. Zu ihren Lieblingsgruppen gehören The Who, zuerst High Numbers genannt. Deren Songtexte, wie *My Generation* mit seinen vermessen anmutenden Strophen (Hope I die, before I get old) oder *Pictures Of Lily*, eine Ode an die Selbstbefriedigung, sind perfekt auf ihr Lebensgefühl zugeschnitten.

Die „British Invasion"

Ab 1964 erreichen Dutzende von englischen Gruppen, darunter auch die Beatles, New York, gierig danach,

Who Put The Bomp

VOLUME 3   NO. 1   HOLLYWOOD, CALIFORNIA   BUY BONDS   FALL 1973   PRICE $1.00

BRITISH INVASION

in kürzester Zeit so viele Dollars wie möglich zu verdienen. Das Land hat seit den guten Tagen des Rock 'n' Roll kein solches Fieber mehr erlebt.

Von den Medien kühl empfangen, lavieren die Beatles geschickt und

It's time we exorcise this demoni influence over our children!

mit Humor um die Fallen, die man ihnen während der Interviews stellt. Bald schon wird es dieselben Szenen von Hysterie wie in England geben: Mädchen im Delirium, belagerte Hotels, Kleinhandel mit „echten" Devotionalien – Stoffetzen, von Leibwächtern verfaßte Autogramme. Es dürfen aber auch Teeservice, Tapeten, Pins und Poster mit dem Konterfei der Idole sein.

Nach den Beatles folgen die Stones, deren Auftritte zu ähnlichen Tumulten führen. Die ekstatischen Bewegungen Mick Jaggers werden von den weißen amerikanischen Sängern gerne nachgeahmt. Seine Luftsprünge und katzenartigen Bewegungen gehören schon bald zum Standardrepertoire der Bühnendarbietungen.

Aber vor allem auf gesellschaftlicher Ebene hat die „britische Invasion" die größten Auswirkungen. Je mehr das Establishment diese jungen Rebellen ablehnt, desto stärker identifiziert sich das junge Amerika mit ihnen. Das ganze Land hat durch das Attentat auf John F. Kennedy ein Trauma erlitten; jetzt bündeln sich die Energien einer neuen Künstlergeneration. Ob es Rockmusiker, Dichter oder Sänger sind, offenbar haben sie alle nur auf diesen Augenblick gewartet, um Position zu beziehen und Farbe zu bekennen.

Mehr als zehn Jahre nach der „britischen Invasion" erinnert eine amerikanische Rockfanzeitung, „Who Put The Bomp" (links), an die Rolle der Beatles und der Rolling Stones, die (unten, bei einem Konzert in Paris 1970) inzwischen den ganzen Planeten erobert haben.

VIERTES KAPITEL

DIE WIEDERKEHR DES AMERIKANISCHEN TRAUMS

Mitte der Sechziger durchlebt Amerika eine tiefgreifende moralische Krise. Der Vietnamkrieg, die Auswüchse der Zensur, die Korruption in Politik und Justiz führen zu einer übergreifenden Protestbewegung. Musiker und Sänger, wie Bob Dylan, werden zu den Wortführern dieser Bewegung.

Nach der ersten Welle von Protestsongs entdeckt der Rock das politische Engagement. Unter dem Einfluß von Gruppen wie Jefferson Airplane schwappt die Protestwelle über den Campus der Universitäten hinaus.

Der Rhythm and Blues entsteht in wahren Hitfabriken. So z. B. bei Motown in Detroit und Stax in Memphis. In den 1959 von Berry Gordy gegründeten Motown-Studios werden Marvin Gaye und Smokey Robinson, die Temptations

und die Four Tops, Stevie Wonder, die Jackson Five, Diana Ross and The Supremes, Martha and The Vandellas, Gladys Knight and The Pips u. a. produziert.

Mehr als 100 Titel belegen in zehn Jahren die ersten Plätze der Hitparade. Doch ist die Konkurrenz von Stax groß. Legendär wird der Memphis-Sound der Rhythmusgruppe, in der Booker T. Jones, der berühmte Songschreiber von Green Onion, an der Hammondorgel sitzt. Seine Band, die M.G.'s (zwei von ihnen sind später bei den Blues Brothers),

Während Beatles und Stones in Europa Erfolge feiern, sind in Amerika schwarze Künstler des Rhythm and Blues wie Otis Redding (nebenstehend), Al Green oder die Stars aus dem Hause Motown (oben) „in".

begleiten die musikalischen Produktionen des Hauses: Otis Redding, zweifellos einer der größten Soulsänger seiner Generation, sowie Sam and Dave und Arthur Conley. Die Staxstudios genießen ein solches Ansehen, daß die Vertreiber des Atlanticlabels hier ihre Künstler – wie z. B. Wilson Pickett (*In The Midnight Hour*) – Aufnahmen machen lassen.

Von allen schwarzen Sängern ist James Brown der erfolgreichste. Zeitweise von allen geliebt, fällt er aufgrund seines politischen Engagements und wegen sonstiger Eskapaden bald wieder in Ungnade. Er ist das Modell des Showman schlechthin: Exzessiv, großmäulig, ein wunderbarer Tänzer, der ständig neue Schritte erfindet (die in seinem

D etroit, die Auto-hauptstadt (Motor-Town) ist auch eine Metropole der schwarzen Bevölkerung. Die örtliche Plattenindustrie wendet sich hauptsächlich an diese Kundschaft, ohne jedoch das weiße Publikum zu vernachlässigen, das die Produktionen des Motown-Labels, wie

Song *Papa's Got A Brand New Bag* aufgezählt werden). Er wird seine schwarzen Kollegen (Michael Jackson) ebenso beeinflussen wie die britischen Popgruppen, und im Apollo-Theatre in New York hat er seine besten Bühnenauftritte.

Eine einmalige Inspirationsquelle: der Gospel

Ob es der ehemalige Priester Al Green ist oder Pastorenkinder wie Aretha Franklin, sie alle haben eines miteinander gemeinsam: Sie lernten in der Kirche singen – und sorgen so über Jahre hinweg für eine konstante religiöse Färbung des Rock und Rhythm and Blues. Spuren dieser Religiosität finden sich vor allem in den Texten der Songs, in ihrem Optimismus, ihrer Hoffnung auf eine bessere Welt (auch wenn diese unerreichbar bleibt) und in ihren Botschaften, die fast schon Predigten sind.

etwa von den Jackson Five (oben; der achtjährige Michael ist vorn in der Mitte zu sehen) mit Begeisterung aufnimmt.

ARETHA

Aretha und James

Zwei Superstars des Rhythm and Blues und des Soul: Aretha Franklin und James Brown. Aretha, Tochter des berühmtesten Gospel-Pfarrers von Detroit, sang wie viele schwarze Künstler schon als kleines Kind in einem Gospelchor. Ihre Stimme ist kräftig, volltönend und tief. Ebenfalls im Gospel verwurzelt, hat sich James Brown seit den frühen fünfziger Jahren einem sehr weltlichen Rhythm and Blues zugewandt. Er, das herausragende Showtalent, erfindet

SEX POWER AND LOVE

JAMES BROWN

From Augusta, Ga.

The ★ The Sex Machine

The man who sings
"MAKE IT FUNKY"
"TRY ME"
"LOST SOMEONE"
"BLACK and PROUD"
"SUPER BAD"
"SOUL POWER"
"SEX MACHINE"
"HOT PANTS"
"ESCAPE-ISM"

eine Vielzahl neuer Tänze, die in den Clubs der ganzen Welt Aufnahme finden. Sein Einfluß auf die Popmusik ist besonders in England beachtlich, wo die Mods ihn wie einen Gott verehren.

Diese Religiosität manifestiert sich aber auch in der bei bestimmten Konzerten sichtbar werdenden Inbrunst, der Ritualisierung und – das ist neu – der Unterstützung großer humanitärer Ziele.

Parallel zum Aufkommen des Protestsongs Anfang der sechziger Jahre wächst bei vielen Weißen das Interesse an religiösen Strömungen. Beide Richtungen gehen eine attraktive Verbindung ein. Vor allem die Verbindung von spiritueller Suche und militantem Kampfgeist ist für das Publikum attraktiv. Um Pete Seeger und seine Zeitschrift „Sing Out!" scharen sich die Folk-Anhänger, um gemeinsam staatliche Institutionen in Frage zu stellen und allgemein ihrer Protesthaltung Ausdruck zu verleihen.

Die herausragendsten Musikinterpreten dieser Sparte sind Phil Ochs, Eric Andersen, Peter, Paul and Mary und vor allem Joan Baez und Bob Dylan.

Richard Avedon nimmt 1965 das Porträtphoto von Joan Baez (oben) für ihr Album *Farewell Angelina* auf. Das Lied schrieb ihr Freund Bob Dylan (rechts). Von der Presse „König und Königin des Folk" getauft, sind sie die Wortführer der Sehnsüchte ihres Publikums.

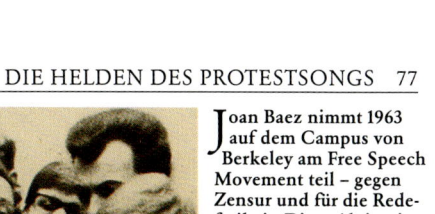

Joan Baez nimmt 1963 auf dem Campus von Berkeley am Free Speech Movement teil – gegen Zensur und für die Redefreiheit. Diese Aktion ist der Anfang einer Protestwelle in den Universitäten, die ihren Höhepunkt 1968 erreicht.

Der Rock erreicht die Universitäten

Als 1962 Bob Dylans erstes Album erscheint, ist der Folk in den Universitäten schon populär. Das Kingston Trio und die Brothers Four (*Greenfields*) schreiben und singen packende Songs voller Vokalharmonien, jedoch ohne Gefahr für das Establishment. Dylan zeigt sich von Anfang an als streitbarer Rebell. Als Robert Zimmermann wurde er am 24. Mai 1941 in Duluth, einer kleinen Bergarbeiterstadt in Minnesota, geboren. Schon früh ist er vom Rock 'n' Roll Chuck Berrys und Little Richards, vom Country Blues Robert Johnsons ebenso wie vom Country and Western Hank Williams' und der Persönlichkeit Woody Guthries beeinflußt. Besonders fasziniert ist er von Guthrie, diesem umherziehenden Schriftsteller und Vorgänger Kerouacs, dem Protestsänger, der in seinen Liedern von den Tragödien ruinierter Farmer und Landstreicher erzählt, dem Gesellschaftskritiker, dem verletzten Helden, dem Vagabunden … Die ersten Erfolge Dylans tragen die Spuren dieser Verehrung. Von Pete Seeger zum wahren Erben von Woody Guthrie deklariert, der dann seinerseits zum Propheten wird und sich im Ausland nur noch nachahmen lassen muß, wird Dylan zum Liebling der revoltierenden Studenten.

Sommer 1965: Das Folkfestival von Newport

Zum großen Bedauern der konservativen Folkanhänger erscheint Dylan mit einer elektrischen Gitarre auf der Bühne, begleitet von der Rhythmusgruppe

Die akustische Gitarre von Bob Dylan (links) ist zum schmerzlichen Symbol geworden, dem die Folkfans im Zeitalter der Elektronik nachtrauern. Für sie bleibt Dylan die Leitfigur des Protestsongs, ein würdiger Nachfolger Woody Guthries und mit einer messianischen Aufgabe betreut – die Dylan allerdings selbst immer wieder ablehnt („Don't Follow Leaders", schreibt er 1965). Sie werden Jahre brauchen, um die elektrischen Arrangements und die Rock-'n'-Roll-Ausflüge ihres Idols zu akzeptieren.

BC

first and only bay area performance

der Parl Butterfield Blues Band. Eine für den Rock 'n' Roll typische Provokation, um so mehr, als Dylan sich scheinbar nun auch noch dem Outfit der Beatles annähert. Seine karierten Hemden sieht man jedenfalls immer seltener. Zwischen 1965 und 1966 entstehen drei Schlüsselalben, die Rockgeschichte machen

B DYLAN

saturday, february 22, 8:30 p.m.

berkeley community theater

admission: $2.50, 3.00, & 3.75

und voller großer Klassiker wie etwa *Like A Rolling Stone* sind: *Bringing It All Back Home*, je zur Hälfte mit akustischer und elektrischer Gitarre, *Highway 61 Revisited*, durchzogen von den Gitarrenblitzen Mike Bloomfields – beide werden von Wilson produziert –, und *Blonde On Blonde*, das erste Doppelalbum der Rockgeschichte, aufgenommen

Bob Dylans Konzerte führen manchmal zu Ausschreitungen. 1965 buht das Publikum ihn in Newport, USA, aus; er hat das Experiment gewagt, sich auf der Bühne von einer Blues-Rock-Gruppe, der Butterfield Blues Band aus Chicago, begleiten zu lassen. Im Frühling 1966 wird ihm in der Royal

in a music folk concert

im Mekka der Countrymusik, in Nashville. Alben wie diese erreichen auch die Intellektuellen.

Albert Hall in London ein ähnlich lautstarker Empfang bereitet, als Anhänger und Gegner des „neuen" Dylan aneinandergeraten.

GIRLS ON THE BEACH

Der Mythos Kalifornien

1966 findet Amerika endlich eine adäquate Antwort auf die Beatles, nämlich eine hundertprozentig kalifornische Gruppe: die Beach Boys. Die Brüder Wilson, Brian, Carl und Dennis und ihr Cousin Mike Love sowie ihr Schulfreund Larry Marks, der kurze Zeit später von Al Jardine abgelöst wird, landen mit Surfin 1961 ihren ersten lokalen Hit. Dennis überredet Brian, den talentierten Texter und Komponisten der Gruppe, Songs zu schreiben, die die bevorzugten Freizeitbeschäftigungen seiner Freunde – Sport, Autos, Mädchen und Beachpartys – beinhalten. Der „Surfsound" ist geboren und gleichzeitig der Mythos eines sorgenfreien, sonnigen Kaliforniens – grünes Paradies der Teenager.

Für seinen Gesang entdeckt Brian Wilson die Gitarrenriffs und das Einfühlungsvermögen des Chuck Berry von School Days neu. Dieser Sound, vermischt mit komplexen, von den Everly Brothers und den Four Freshmen abgeschauten Vokalharmonien, katapultiert die Beach Boys an die Spitze der amerikanischen Gruppen. The Mamas and the Papas, auch sie Sänger aus Kalifornien, die Turtles, oder Buffalo Springfield, mit Stephen Stills und Neil Young ebenso eine Vorläuferband wie die Byrds von Roger McGuinn und David Crosby, gehören dazu. San Francisco scheint stärker als Los Angeles im neuen psychedelischen Trend zu liegen. Der tolerante Ruf dieser nordkalifornischen Metropole begünstigt das Entstehen marginaler Bewegungen, wie es etwa ab 1966 die Hippies sind, die ihren Namen aus dem Slang der Schwarzen ableiten; er bedeutet: „Durchblick haben".

Die Beach Boys (links) posieren nur fürs Photo als Surfer, in Wahrheit surft nur der Schlagzeuger Dennis Wilson (erster der Reihe). Sein Bruder Brian (letzter der Reihe, hinter dem Sänger Mike Love) ist die Seele der Gruppe: Er lebt zurückgezogen und komponiert die Hymnen auf die Freuden der Jugend, die er den Abenteuern von Dennis nachempfindet: Mädchen, Autos und Surfen.

Joan Baez begnügt sich nicht damit, nur gegen den Vietnamkrieg zu singen, sondern sie kämpft vor Ort, wie hier 1967 im Rekrutierungscenter der Streitkräfte in Oakland, Kalifornien. Als Pazifistin predigt sie den gewaltfreien Kampf, eine in dieser Zeit unter den jungen Amerikanern weitverbreitete Einstellung.

Zu Anfang rekrutieren sich die Hippies vornehmlich aus einer Schar von Intellektuellen, die das Spiel um Macht und Positionen ablehnen. Als Nachfahren der Beatniks haben sie die große Zeit der Protestmärsche, besonders in Berkeley 1963 (Free Speech Movement) miterlebt. Jeden Tag kommen mehr junge Leute, um in den bereits überfüllten Kommunen von San Francisco Aufnahme zu finden. Während des „Sommers der Liebe" 1967 sind es mehr als 500 000 „Aussteiger", die von der Aussicht auf ein anderes Leben als das in einer x-beliebigen Vorstadt des Mittelwestens angezogen werden. Zwei Dinge erwarten sie: Acid – genauer gesagt LSD 25, das bis 1966 noch legal gehandelt wurde, und Rock. Beide „Drogen" scheinen sich perfekt zu ergänzen,

BILL GRAHAM P

und so rühmen auch die Songs der Gruppen, Jefferson Airplane und Grateful Dead, die Vorteile des Trips – der LSD-Reise.

Psychedelic Rock

Die Gruppe Grateful Dead ist für das euphorische Anpreisen

Jorma Kaukonen (vorne) und Paul Kantner, zwei der Gründer von Jefferson Airplane.

CAN YOU PASS THE ACID TEST ?

Grateful Dead und Jefferson Airplane touren ab 1967 durch Amerika.

THE SAN FRANCISCO SCENE

GRATEFUL DEAD LIGHT SHOW BY HEADLIGHTS

RONTO TO AUG 5

E CENTRE • Mats. Wed & Sat

Box Office Open from 11 a.m. to 9 pm.

J.GARDNER

des Drogenkonsums bekannt. Jerry Garcia („Captain Trips") hat einen schnellen, schneidenden Gitarrenstil entwickelt, doch bei Grateful Dead bringt jedes Mitglied seinen eigenen Klang mit ein: Bob Weir den Rock 'n' Roll, Ron „Pigpen" McKernan den Rhythm and Blues, Phil Lesh, Ex-Schüler von Luciano Berio, die Klangexperimente.

Family Dog (rechts), ein kurioser Hippie unter den Konzertveranstaltern.

QUICK SILVER MESSENGER SERVICE
BIG BROTHER & THE HOLDING COMPANY
THE GRATEFUL DEAD
THE GRASSROOTS
SUNSHINE

Anfang 1966 lassen sie sich im Herzen des turbulenten San Francisco nieder, in der Ashbury Street. Von da an sind sie bei allen großen Ereignissen des Viertels dabei; Beispiele dafür sind die berühmten Human Be-Ins im Golden Gate Park, die kostenlosen

Das Fillmore Auditorium und der Avalon Ballroom beauftragen ab 1966 die besten Graphiker mit den Entwürfen ihrer Konzertplakate. Wes Wilson, Rick Griffin, Mouse und Kelly treten in einen kreativen Wettstreit, um die regionalen Stars (links und unten) ebenso wie auswärtige Gruppen (unten rechts) anzupreisen.

THE FAMILY DOG PRESENTS THE JEFFERSON AIRPLANE

Konzerte, die die Crème der örtlichen Gruppen – Quicksilver Messenger Service, Big Brother and the Holding
Company mit Janis Joplin, den Charlatans
und Jefferson Airplane – geben.
Zu Beginn des Jahres 1966 kommt Jefferson
Airplane ungefähr zur selben Zeit wie Grateful
Dead als Folk-Rock-Formation heraus. Die Gruppe tritt
auf mit Gitarre und Mundharmonika (Marty Balin, Kunst-
student), Banjo und Gitarre (Paul Kantner), Baß-
gitarre, Schlagzeug und einer Sängerin, Signe
Tole Anderson, die ihren Platz bald Grace Slick
überläßt. Von ihrem zweiten Album an (Sur-
realistic Pillow) behauptet sich Airplane als die
Stimme der Hippiebewegung. Ihre poetischen
Texte lassen sich über Halluzinogene (*White
Rabbit*), freie Liebe und politisches Engagement aus. Von Bill Graham, dem Organisa-
tor der legendären Fillmore-Auditorium-
Konzerte entdeckt, wird Jefferson Airplane
zu einer Hauptattraktion der Frisco-Szene.

Angesichts des überwältigenden Erfolges
dieser Gruppen beeilen sich Vertreter großer
Plattenfirmen, „ihre" Künstler als „psychedelisch" anzukündigen. Dies ist die große Stunde
für Big Brother And The Holding Company
mit ihrer stimmgewaltigen Sängerin Janis
Joplin. Aber auch für Carlos Santana, den
Chicano-Gitarristen, ist die Zeit gekommen.

Revolution auf dem Sunset Boulevard

Auch in Los Angeles gibt es viele Gruppen, doch sind sie
längst nicht auf einen Nenner zu bringen, wie die Gruppen
im Norden. Es fehlt das einigende Element, wie es die
Hippiebewegung darstellt. Hier ist jeder für sich, allein mit
seiner Inspiration und sei-
nem Talent. Infolgedessen
treten einzelne Künstlerper-
sönlichkeiten wie Jim Morrison oder Frank Zappa stärker
hervor. Auch gibt es hier
viele Gruppen, wie Captain
Beefheart's Magic Band, die
Bluesfans Canned Heat,
Steppenwolf und Love mit
dem schwarzen Sänger und
Gitarristen Arthur Lee (eine
der ersten gemischtrassigen
Rockbands), die deutlich aus
dem Rahmen des inzwischen
Gewohnten fallen.

Die Doors leiten ihren
Namen von Aldous Huxleys
Buch *The Doors of Perception*
(Die Pforten der Wahrneh-
mung) ab, das von Erfahrun-
gen mit Rauschmitteln berichtet. 1966 tritt die Gruppe
zum ersten Mal auf. Morrison zieht mit seiner provozie-
renden Bühnenshow alle Aufmerksamkeit auf sich. Er
möchte mehr Poet, Rebell, Gewissen einer Generation als
Sänger sein. Unterstützt von Profimusikern – besonders
dem Keyboardspieler Ray Manzarek läßt Jim den Mythos
des Rock-'n'-Roll-Helden wiederaufleben, der von einer
Horde von Fans vergöttert wird, aber am Ende dazu
verdammt ist, unterzugehen. Aus der Gesamtproduktion
der Rockmusik gehören die Doors zu den wenigen, die
bis heute überlebt haben (*Riders On The Storm* und
L. A. Woman).

Zappa und seine Mothers of Invention

Ein ganz anderes Phänomen ist Frank Zappa. Er unterlag
zwei scheinbar widersprüchlichen Einflüssen, dem schwarzen Doo-Wop der fünfziger Jahre und Edgar Varese. Sein

Die Legendenbildung
um den Doors-Sän-
ger Jim Morrison (oben
Plattencover von 1967)
setzt erst nach dessen
Tod 1971 ein.

Markenzeichen: dadaistischer bis zynischer Humor und die Aura von Groucho Marx.

Intelligent, wie Zappa ist, versteht er, daß sein Publikum – wie er auch – mit dem Establishment auf Kriegsfuß steht. Seine Musiker, die Mothers of Invention, wie auch seine unmittelbare Umgebung spiegeln diese Einstellung wider. In der Konzeption seiner Alben setzt er nach und nach unterschiedliche thematische Akzente: von komplexen Themen (*Lumpy Gravy, Uncle Meat, 200 Motels*) über offen kritische (*We're Only In It For The Money*) bis hin zu offen parodistischen (*Ruben And The Jets,* in Doo-Wop-Manier der fünfziger Jahre), breitet er das ganze Spektrum seiner Phantasie aus. Begierig nach öffentlicher Anerkennung als zeitgenössischer Komponist, wird er allerdings bis Mitte der achtziger Jahre warten müssen, um mitzuerleben, wie Pierre Boulez ein großes Orchester dirigiert, das seine Werke aufführt. Dann bleiben ihm nur noch wenige Jahre bis zu seinem Tod 1993. Seinen 53. Geburtstag wird er nicht mehr erleben.

Frank Zappa (unten), der vielseitige Künstler, hat alles ausprobiert: klassische Musik und Rock, Kino und Video und ab und zu sogar Politik. In „200 Motels", seinem ersten Spielfilm, stichelt er frisch und in extravaganter Inszenierung gegen die kleine Welt des Rock'n'Roll. Für sein drittes Album *We're Only In It For The Money* erhält Zappa von den Beatles die Erlaubnis, das Cover der berühmten Sgt.-Pepper-LP zu parodieren (unten links).

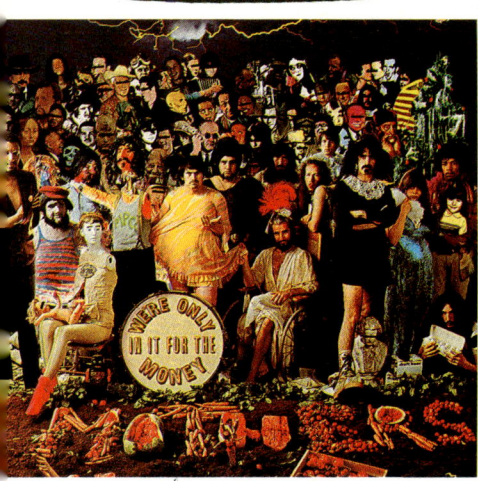

FRANK

ZAPPA

Hinter der komischen Maske Frank Zappas verbirgt sich ein starkes Interesse an ernster Musik. Verteilt er über sein Album *Lumpy Gravy* noch massenhaft klassische Zitate mit populärer Musik, kommt in dem 1969 erschienenen Album *Hot Rats* eine jazzorientierte Ader zum Vorschein; begleitet wird er dabei u. a. von den Geigern Jean-Luc Ponty und Don „Sugarcane" Harris.

THIS PHASE ONE LUMPY GRAVY?

Lou Reed und Velvet Underground

Als Frank Zappa im Juli 1967 in New York ankommt, um seine surrealistischen Kabaretts im Garrick Theatre aufzubauen, ist die dortige „Underground"-Szene bereits sehr lebendig. Im Umkreis der Zeitschrift East Village Other gibt es viele Gleichgesinnte unter den Künstlerkollegen.

Einig sind sie sich vor allem in ihrer kritischen Haltung gegenüber dem Vietnamkrieg, der in diesen Tagen für immer neue bedrückende Schlagzeilen sorgt. Die Fugs, die Dichter Tuli Kupferberg und Ed Sanders, die Holy Modal Rounders mit dem jungen Sam Shepard sowie Pearls

Die Velvet Underground 1967 (oben) im New Yorker „Dom". Für die Light-Show zeichnet Andy Warhol verantwortlich.

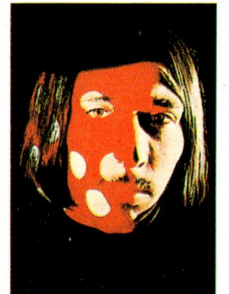
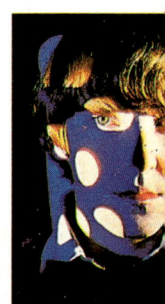

Before Swine gehören zweifellos dazu und – ein wenig abgehobener: Velvet Underground. Lou Reed kommt aus dem literarischen Milieu, und die Begegnung mit Sterling Morrison und John Cale – einem walisischen, in klassischer Musik ausgebildeten Musiker – ist entscheidend für die Gründung von Velvet Underground. Der Name der Band ist dem gleichnamigen sado-masochistischen Groschenroman von Michael Leigh entlehnt. Die rohen Improvisationen der Band führen dazu, daß sie zunächst aus den meisten Clubs verbannt werden, bis Andy Warhol sie entdeckt. Er ist die Primadonna der Pop-art, und in seinem großzügig geschnittenen Atelier, genannt The Factory, finden viele Musiker zusammen, beispielsweise Bob Dylan und Edie Sedgwick, die „Sad Eyed Lady of the Lowlands".

Über mehrere Monate tritt Velvet Underground im „Dom" auf, einem ehemaligen Ballhouse auf der New Yorker East Side. Warhol engagiert sie für seine Multimediashow *The Exploding Plastic Inevitable* und produziert so nebenbei ihr erstes Album. Allein seine Präsenz reicht aus, um diesem Debüt einen verkaufskräftigen Glanz zu verleihen, so daß der musikalische Auftritt wenig

später von Tom Wilson in die heißersehnte Vinylplatte gepreßt wird. Diese kurze Phase von Velvet Underground (1967–1969) hat die Popmusik stark geprägt. Noch lange nach der Auflösung der Gruppe, die letztlich an der Unterschiedlichkeit der einzelnen Charaktere zerbrach, wird man Lou Reed als den Chuck Berry der achtziger Jahre zu schätzen wissen.

Andy Warhol

Wie stark Andy Warhols Pop-art das Erscheinungsbild von Velvet Underground geprägt hat, zeigt zum Beispiel das Cover ihres ersten Albums (nebenstehend). In der im Sommer 1967 erschienenen Originalversion ließ sich die Banane sogar schälen … Heute reißen sich die Sammler um dieses originelle Zeugnis einer fruchtbaren Zusammenarbeit zweier künstlerischer Welten und bieten Höchstpreise dafür.

Nico ist noch ein Mannequinstar, als Warhol sie kennenlernt und aus ihr einen Superstar in seinem Film Chelsea Girls macht. Er legt Lou Reed nahe, ihr einige der Gesangsnummern von Velvet Underground anzuvertrauen. Nach ihrem Debüt beim ersten Album schlägt sie eine wechselvolle Solokarriere ein.

FÜNFTES KAPITEL

WOODSTOCK UND SEINE FOLGEN

D ie Rockmusik steht 1968 im Mittelpunkt einer umfassenden kulturellen und politischen Bewegung. Seine Interpreten sind Leitfiguren der Jugend, und mehr noch als Ideologien transportiert der Rock allgemeine Ideen wie Liebe, Frieden, Solidarität. Aber der Rock verliert allmählich seinen Biß, und das Showbusineß profitiert von dem immer größer werdenden Publikum.

D ie meisten Namen, die auf dem Plakat des Festivals von Woodstock stehen, sind im August 1969 dem großen Publikum noch völlig unbekannt. Doch die Medienwirksamkeit des Festivals ist derart groß, daß einige der Künstler augenblicklich zu Superstars werden. Einige bleiben es, andere fallen in die Anonymität zurück.

Der „Psychedelic rock" taucht offiziell ab dem Herbst 1966 in Großbritannien auf. Hier macht er sich vor allem in der Undergroundszene und im Umfeld der Zeitschriften *IT* (*International Times*) und *Oz* breit. Solidaritätskonzerte werden im Roundhouse, im Alexandra Palace und in einem kleinen Club, dem UFO, organisiert. Zwei Gruppen treten erstmalig im UFO auf, die bald zu den Megastars zählen: Pink Floyd und Soft Machine.

Der Rock hebt ab.

Pink Floyd wird in den Jahren 1965 bis 1968 von dem exzentrischen Dandy Syd Barrett angeführt, der sich mit drei einfallsreichen Architekturstudenten zusammenschließt.

Die Bandmitglieder von Pink Floyd (oben, Ende der siebziger Jahre in Paris) verschwinden hinter ihrer eigenen Inszenierung. Im Laufe der Jahre will die Show mehr unterhalten als beunruhigen. Nur Syd Barrett (rechts) liebt die Schockelemente und vermeidet in den Jahren, als er die Gruppe noch leitet, das Publikum mit „good vibrations" zu bedienen.

Vogelgeschrei, Industrielärm und blendende Light-Shows: Das Floyd-Universum bewegt sich zwischen Science-fiction und Alptraum (erstes Album: *Piper At The Gates Of Dawn*). Erst nach dem Ausscheiden des psychisch angeschlagenen Barrett und dem Eintritt des Gitarristen David Gilmour wird die Musik von Pink Floyd zum Vorbild für den „schwebenden" Stil (*The Dark Side Of The Moon*), der eine Reihe von Gruppen, vornehmlich deutsche, beeinflußt (Amon Düül II, Tangerine Dream, Klaus Schulze ...).

Soft Machine hingegen entwickelt sich völlig anders: Ursprünglich ebenfalls dem Studentenmilieu entstammend, verwirklicht diese Gruppe den Traum von einer Verbindung aus Modern Jazz und Popkultur. Der Name „Soft Machine" ist eine originelle Undergroundreverenz, leitet sich der Begriff doch von einem Roman von William Burroughs ab. Die ersten Konzerte beeindrucken das französische und deutsche Publikum gleichermaßen. Vor allem die musikalische Leistung des Schlagzeugers und Sängers Robert Wyatt ist herausragend.

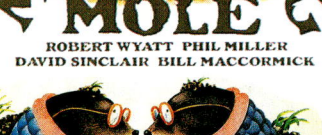

Robert Wyatt nennt seine neue Gruppe in Erinnerung an Soft Machine: Matching Mole.

Der Einfluß Wyatts auf die Entwicklung einer progressiven, jazzorientierten Strömung in England ist beträchtlich; sie wird sich nach und nach von den traditionellen Schemen des Rock 'n' Roll entfernen. Wyatt verläßt Soft Machine nach einem schwierigen Doppelalbum (*Third*) und gründet als Reaktion darauf Matching Mole. Den Höhepunkt seiner musikalischen Laufbahn erreicht er 1973. Es ist auch das Jahr, in dem ihn ein tragischer Unfall an den Rollstuhl fesselt. Querschnittsgelähmt nimmt er, von Pink Floyd unterstützt, ein legendäres Soloalbum (*Rock Bottom*) auf, das

vom Schlagzeuger der Gruppe, Nick Mason, produziert wird. Es gehört bis heute zu den eigenständigsten Meisterwerken der Rockgeschichte.

Die Mehrzahl der neuen Musikgenres, die im Zuge der „progressiven" Strömung in England aufkommen, entstehen alle zwischen Ende 1966 und Ende 1968. Der Wunsch nach Veränderung, nach einer Entwicklung, äußert sich in der Suche nach anderen Klängen, anderen Rhythmen, anderen Vorbildern. Das britische Empire hat hier einige Quellen zu bieten. So wird beispielsweise George Harrison in Indien fündig. Sein Kontakt zu Ravi Shankar führt dazu, daß er ab 1965 die Sitar in die Musik der Beatles einführt. Sgt. Pepper ist der erste Beleg dafür.

Ein Meisterwerk? Eine Anekdote in der Geschichte des Rock? Oder ein Anfall von Größenwahn? An Sgt. Pepper scheiden sich die Kritiker, doch die Idee der durchkonzipierten Alben ist geboren. Von nun an ist es möglich, auf einer oder mehreren Plattenseiten eine Idee oder eine Minioper zu entwickeln. Ein Genre, das mit den Who und ihrem sehr ambitionierten Tommy Triumphe feiert. Opern, Symphonien (Moody Blues – Emerson, Lake und Palmer – King Crimson), der Rock liebäugelt offensichtlich mit einem echten Klassizismus. Seit die Beatles auf

Die Gruppe Soft Machine 1971 im Probenraum (von links nach rechts: Elton Dean, Hugh Hopper, Mike Rattledge und Robert Wyatt). Die Atmosphäre dieser Momentaufnahme spiegelt die Spannungen wider, die zwischen den vier Musikern herrschen. Zum Eklat kommt es einige Monate später.
Humor, Erfindungsreichtum, Phantasie – letztere ging vor allem auf das Konto von Wyatt, der auch als erster die Gruppe verläßt – verabschiedet sich nun zunehmend aus der Musik von Soft Machine, um einem mittelmäßigen Jazz-Rock ohne Überraschungen Platz zu machen.

Anregung von George Martin
hier ein paar Geigen, dort ein
Spinett eingefügt haben – und
darin meist ohne Zeitverlust
von den Stones imitiert wurden
(*Their Satanic Majesty's Request*) –
scheint alles möglich zu sein.

Supergruppen, Megastars und Riesenfestivals

Ende 1966 findet sich aus den
Bands von John Mayall, Graham
Bond und Alexis Korner die erste
Supergroup der Geschichte
zusammen: Cream. Zu ihr gehören Eric Clapton (Gitarre), Jack
Bruce (Gesang und Baß) und
Ginger Baker (Drums). Mit ihrem
lautstarken Bluesrock kündigt
sich hier eine Radikalisierung an,
die schließlich zu Hardrock und
Heavy Metal führen wird. Zu dieser Zeit hat das Trio einen ernst-
zunehmenden Konkurrenten:
The Jimi Hendrix Experience.

Hendrix ist Amerikaner und
hat seine Laufbahn als Gitarrist neben Little Richard und
einem Rhythm-and-Blues-Sänger, Curtis Knight, begonnen. Im September 1966 entdeckt ihn Chas Chandler, der
Baßgitarrist und Manager der Animals, in einem Club
in Greenwich Village. Er nimmt Hendrix mit nach London,
besorgt ihm zwei Begleitmusiker und läßt ihn die Coverversion einer Standardnummer, *Hey Joe*, aufnehmen. Der
Erfolg stellt sich umgehend ein, und die Musikpresse ist
ganz aus dem Häuschen. Endlich hat sie ihren neuen
„guitar-hero", der es mit Clapton aufnehmen kann und
dem die Fusion von Blues (besonders beeinflußt durch
Elmore James) und Psychedelic Rock gelingt.

   Jimi Hendrix definiert die Gitarre neu, benutzt alle
nur möglichen Effekte, um einen bisher nie dagewesenen
Sound zu erzeugen. Alle, die nach ihm kommen, haben
ihm viel zu verdanken. Im Juli 1967 ist er einer der Stars
des Festivals von Monterey, Kalifornien. Seine Bühnendarbietungen bleiben Sternstunden in der Geschichte der

Als fleißige Vor-
kämpfer der „British
Invasion" geraten The
Who (oben) bald in Ver-
ruf, pflegen sie doch
ihre Konzerte mit dem
Zertrümmern ihrer
Instrumente zu been-
den. Sie verwüsten ihre
Hotelzimmer und par-
ken ihre Autos in den
Pools ihrer Gastgeber.
Kurzum, sie geben ein
sehr schlechtes Beispiel
für die übrigen Gruppen
ab, die nichts Eiligeres
zu tun haben, als es
ihnen gleichzutun.

Rockkonzerte. Dieses kleine, anfänglich wenig beachtete Festival wird durch John Phillips, The Mamas and Papas und ihrem Produzenten Jon Adler zur Schaubühne des kalifornischen Rocks. Dort werden Janis Joplin, Jefferson Airplane und Canned Heat entdeckt, die neben so versierten Musikern wie Otis Redding auftreten. Ravi Shankar, dies gebietet allein schon die Referenz an den Orient, gehört ebenfalls zum Programm. Von hier aus nimmt die Idee der immer imposanteren Versammlungen von Künstlern ihren Ausgang, um im August 1969 in Woodstock ihren spektakulärsten Höhepunkt zu erreichen.

Zu Beginn seines beispiellosen Aufstiegs zum Megastar der Musikszene spielt Jimi Hendrix im Herbst 1966 noch im Vorprogramm von Johnny Hallyday. Danach sieht man die beiden anläßlich eines Fernsehkonzerts noch einmal gemeinsam auftreten. Der vor geballter Energie sprühende Gitarrist geht von jetzt an eigene Wege. *Hey Joe* kommt einige Zeit später in der bluesgefärbten Version von Jimi Hendrix Experience heraus und dann in einer mehr folkorientierten Version von Johnny Hallyday, die dem Original näher steht.

Jimi-guitar, Jimi-themadness, Jimi-blues: Jeder Auftritt von Hendrix stellt alles in Frage, was man über Rock 'n' Roll zu wissen glaubte. Jeder nachfolgende Instrumentalist muß sich an diesem Giganten messen.

Jimi Superstar

Jimi Hendrix (links) ist 23 Jahre alt, als Europa ihn 1966 entdeckt. Vier Jahre später, als diese Aufnahmen entstanden, ist er bereits ein Megastar geworden, und alle Festivals reißen sich um ihn. Sein Gitarrenspiel ist um neue Klänge reicher geworden, ohne das Bluesfeeling zu verlieren. Seine Gruppe – die Experience – hingegen hat einige Veränderungen erfahren: Noel Redding, der englische Bassist, und Schlagzeuger Mitch Mitchell haben die Band verlassen. Der Bassist Billy Cox, ein Freund aus der Militärzeit, und Buddy Miles, ein zu dieser Zeit sehr bekannter Schlagzeuger, übernehmen ihren Part. Hendrix hofft, mit der Wahl dieser schwarzen Musiker Teile des schwarzen Publikums zurückzugewinnen, die ihm vorwerfen – wir befinden uns gerade in der Hauptzeit von Black Power –, gemeinsame Sache mit dem europäischen Showbusineß zu machen. Allerdings ist das Publikum, das ihm bei den Festivals von Monterey 1967, von Woodstock 1969 und auf der Isle of Wight 1970 zujubelt, überwiegend weiß.

Leben bis zum bitteren Ende

Seit 1966 ist Janis Joplin ein Star in der Rockszene von San Francisco. Sie ist erst 23, verfügt aber bereits über eine solide Blueserfahrung. Im tiefen Texas, wo sie geboren wurde, hat sie alle Platten der schwarzen Künstler gehört. Besonders beeinflußt wurde Janis von Bessie Smith. Sie kennt alle ihre Lieder und schafft es mit einer gewissen Leichtigkeit, sie zu interpretieren. Bittere Ironie des Schicksals ist, daß ihr Leben ebenso tragisch enden wird wie das ihres Vorbilds. San Francisco und die Hippiebewegung entdecken Janis zeitgleich mit ihrer Gruppe Big Brother And The Holding Company. Sie ist die beherrschende Figur der Fillmore- und Avalon-Ballroom-Konzerte. Privat jedoch lebt sie einsam, ausgebeutet von ihren Dealern, ausgenutzt von ihren Freunden. Von Albert Grossmann, dem Manager Bob Dylans entdeckt, beginnt sie eine kurze Solokarriere, die schon zwei Jahre später in einem Motel an einer fatalen Überdosis endet. Die Legendenbildung kann beginnen. In den folgenden zehn Jahren gibt es nicht eine Sängerin, vor allem keine Rocksängerin, die sie nicht zitieren wird.

WOODSTOCK MUSIC and ART FAIR
SUNDAY
AUGUST 17, 1969
10:00 A. M.
$7.00 Good For One Admission Only
M 02950
NO REFUNDS GLOBE TICKET COMPANY

Woodstock, die historische Vision

400 000 Personen strömen aus dem ganzen
Staat New York herbei, um die legendären drei
Tage der Musik, des Friedens, der Liebe, des
Regens und der Rauschmittel mitzuerleben.
Künstler und Gruppen, die bisher Geheimtips
waren (Ritchie Havens, Joe Cocker, Ten Years
After), sehen sich plötzlich in den Rang von
Megastars katapultiert – dank einer Werbung, die
die Ableger des Festivals, wie Film, Livealbum (Live-
Mitschnitt), Tourneen u. ä., zu vermarkten weiß.

Das Showbusineß wittert sofort seine
Chance, und der Rock wird nun zum kommerziell erfolgreichen Zweig der Freizeit-
industrie, mit all ihren Zwängen
und Expansionsgelüsten.
Einer muß jetzt den anderen
überbieten, und eine Gruppe
wird erst dann beachtet, wenn
sie bei einem Riesenfestival
auf dem Programm gestan-
den hat, auf der Isle of Wight,
in Rotterdam, Bath oder auf
Fehmarn: Massenveranstal-
tung als Pflichtkür.

D ie Planer des Festi-
vals von Woodstock
hatten mit dem massen-
haften Andrang nicht
gerechnet. Daß sich die-
ser unerwartete Besu-
cherstrom aber nicht
sofort in klingende
Münze umsetzen
ließ, liegt daran,
daß die meisten
Zuschauer ohne zu
bezahlen über die
Absperrungen
kletterten. Wie
durch ein Wunder
kommt es weder zu
materiellen Schäden
noch zu gewalt-
samen Ausschrei-
tungen.

Um sich gemeinsam zu den entfernten Klängen einer bunten Mischung zu wiegen, die vom Jazz (Miles Davis in Wight) über Raga (Ravi Shankar in Woodstock) und engagiertem Folk (Joan Baez) bis zu modernstem Funk (Sly Slone; in extravaganten Stiefeln aus blauem Fell betrat er im Morgengrauen die Bühne in Wight) reicht, ist man bereit, Hunderte von Kilometern per Autostopp zurückzulegen, im Regen zu schlafen, irgendeinen dürftigen Imbiß zu sich zu nehmen, umnebelt von schlechtem Hasch und lauwarmem Bier. Stunden um Stunden verbringt man so in eng zusammengepferchten Massen, die von Sicherheitskräften mit Polizeihunden überwacht werden. Vereinzelt kommt es zu Gewalttätigkeiten: Während eines Rolling-Stones-Konzerts im Dezember 1969 in Altamont bei San Francisco wird ein Mann von den Hell's Angels niedergestochen. Der Sommer der Liebe ist endgültig zu Ende.

Ein Klima des Aufbruchs

Während in Amerika und England fröhliche Umwälzungen stattfinden, müssen sich die Teens und Twens in Deutschland mit müden Nachahmungen begnügen, die zum Teil sogar Karikaturen ihrer Vorbilder sind: die German Bonds, die Rattles und die Lords mit ihrem selbstgebasteltem Outfit und einem abscheulichen Englisch. Ihre Texte kommen als völlig entschärftes Geplänkel daher. Doch selbst angesichts dieser Harmlosigkeiten versteht die kleinbürgerliche Law-and-order-Fraktion keinen Spaß. An vorderster Front denunziert Deutschlands Saubermann Nr. 1, Freddy Quinn, mit dem wohl schäbigsten Schlagertext der Nachkriegsgeschichte die Nachgeborenen: „Wer will nicht mit Gammlern verwechselt werden? Wir! …" Aber die Clubs und Konzertsäle öffnen sich mehr und mehr dem englischen Rock.

Und dann kommt der Mai '68, und der tiefgreifende Protest der Studenten und Gymnasiasten zielt auf alle Bereiche ab: Kultur, Politik, Sexualität … Man kann das Gerede von „swinging London" hier und „stoned California" da nicht mehr hören, ohne selbst die Möglichkeit zu haben, im eignen Lande gleiches zu tun. Die Wirtschaftswundermentalität des lustfeindlichen Maßhaltens wird von einer Jugend über Bord geworfen, die wild darauf ist, frei zu denken, zu fühlen und zu handeln.

Der Rock 'n' Roll als ursprüngliche Ausdrucksform einer rebellischen Jugend findet in diesem Klima des Aufbruchs neue Formen. Nachdem man den angelsächsischen Vorbildern den Rücken gekehrt hat, sucht die Popmusik in Frankreich und Deutschland neue Wurzeln im Folk (Alan Stivell, Ougenweide) oder bei Gruppen, die im Klima von Aufbruch und Repression (Komintern, Red Noise, Ton Steine Scherben, Lokomotive Kreuzberg) deutlich Stellung beziehen. Ein Wille zur Selbstverwaltung erwacht, der jedoch sehr bald durch das gänzliche Fehlen dafür geeigneter Strukturen gelähmt wird. Und während das Showbusineß das Etikett „Revolution" vermarktet, kämpfen die Originalgruppen ums Überleben.

In fünf Jahren hat die Demontage des Rock 'n' Roll das Ferment, aus dem ganze Scharen von Musikern hätten hervorgehen können, praktisch auf Null reduziert. In den Gymnasien fördert das völlige Fehlen oder ein hoffnungslos altmodischer Musikunterricht auch nicht

Mai 1968 in Paris: Die Misere im Studentenmilieu führt zu lautstarkem Protest: Junge Männer fordern das Recht, ihre Freundinnen auf den Zimmern im Campus von Nanterre besuchen zu dürfen. Die Zeichen der allgemeinen Unzufriedenheit der jungen Generation mehren sich nicht nur in Frankreich. Es ist die Generation, die die veraltete Autorität der Herrschenden nicht länger ertragen kann. Der Staat gibt vor, nichts zu hören und nichts zu sehen. Und als die Studenten auf die Straße gehen, schickt er seine Anti-Terror-Truppen, um sie mit Gas einzunebeln und mit Stöcken zu schlagen. Welche Bedeutung hat der Rock 'n' Roll in dieser Situation? Die am stärksten politisierten Studentenkreise sehen in ihm nur eine folkloristische Ausdrucksform. Für viele andere ist der Mai '68 geprägt von einem Willen zur Selbstbestimmung und -verwaltung, der seine Umsetzung im Aufbau des Konzertnetzes und der neuen Absatzstrukturen der Rockmusik findet.

gerade das Erwachen von Talenten.
Folgerichtig sind die einzigen, die sich
nach dem Mai 1968 gut aus der Affäre
ziehen, die Kinder des Jazz wie Magma
und Klaus Doldingers Passport, oder
Grenzgänger wie The Can und Kraft-
werk, die mit technischen Innovationen (z. B. dem Moog-
Synthesizer) experimentieren, bis hin zur fernöstlich orien-
tierten „kosmischen Musik" von Popul Vuh oder Tangerine
Dream.

Die Popmusik triumphiert.

In allen Produktionsbereichen versucht man sich zu
überbieten: Rekordbesucherzahlen (150 000 bei einem Led-
Zeppelin-Konzert) und Rekordverkaufszahlen für Alben,
mit der Vergabe von Schallplatten in Gold oder Platin
vor dem versammelten Personal der Plattenfirma. Für den
Künstler wird eine exzessive Promotion betrieben, die
manchmal in keinem Verhältnis zu seinem wirklichen
Talent steht.

    Und es werden Rekorde im Verwüsten von Hotel-
zimmern (The Who, Led Zeppelin) und in der Einnahme
von diversen Drogen aufgestellt – was vielen Stars der
ersten Stunde das Leben kosten wird (Brian Jones 1969,

Led Zeppelin (oben):
Robert Plant und
der Gitarrist Jimmy Page
können als Wegbereiter
des Heavy Metal angese-
hen werden. Ursprüng-
lich von großen Blues-
musikern beeinflußt,
produziert der „guitar-
hero" Jimmy Page eine
komplexe, „harte"
Klangwelt.

Jimi Hendrix und Janis Joplin 1970, Jim Morrison 1971).
Es heißt immer nur mehr, „more, more, more"… Als der
Hardrock Ende der sechziger Jahre aufkommt, wird auch
der Dezibelrekord gebrochen.

Historisch gesehen geht der Hardrock auf Eddie
Cochran zurück. Blue Cheer 1968 in San Francisco und
dann die MC 5 und die Stooges mit Iggy Pop in Detroit,
Ende des gleichen Jahres, geben ihren Klängen, die sich
aus dem Rhythm and Blues und dem Rockabilly ableiten,
nur noch mehr Gewicht – sowohl in der Lautstärke als
auch in der Masse. Led Zeppelin geht in England den Weg
weiter, den die Yardbirds mit ihrem harten Blues durch
die Virtuosität ihres Leaders und Gitarristen Jimmy
Page aufgezeigt hatten. Der Terminus „heavy metal"
taucht nun auf, um eine radikal harte Spielweise
zu bezeichnen. War es ursprünglich ein Blues-
Rock, gewinnt der Stil nun immer mehr an
bombastischer Härte bis hin zum absurden
Sound, der für jedes Trommelfell eigentlich
eine Zumutung sein muß. Gruppen wie Grand
Funk Railroad scho-
nen ihre Zuhörer hier
nicht, im Gegenteil:
Das akustische Schock-
erlebnis ist Marken-
zeichen jeder Heavy-
Metal-Band.

In den USA
hingegen entste-
hen durch
das Zusam-
mentref-
fen von
urbani-
siertem
Hardrock und
dem Blues des tie-
fen Südens eine ganze
Reihe von eigenwilli-
gen fetzigen Gruppen:

Jim Osterberg, genannt
Iggy Pop (unten links
und rechts), verkörpert
den Detroiter Rock, der
radikal und gewalttätig
ist. Mit seinen Stooges
(der Name ist einem
Komikertrio entlehnt)
mischt er das eingeschla-
fene Amerika Ende der
sechziger Jahre auf und
erinnert es daran, daß
die Ghettos brennen
und die Jugend keine
Zukunft hat.

Marshall Tucker, Outlaws, Lynyrd
Skynyrd und vor allem die Allman
Brothers Band. Ihr Bandleader,
Duane Allman, kommt 1971 bei
einem Motorradunfall ums Leben.
Sein Gitarrenspiel hat zahlreiche
Musiker beeinflußt, besonders
Eric Clapton in seiner legendären
Version von Layla. Weiter im Süden
serviert die texanische Gruppe
ZZ Top den Blues härter und mit
mehr Boogie. Eine Tradition, die
sich von einigen Mitgliedern der
Houstoner Szene wie Lightnin'
Hopkins ableitet und von den bril-
lantesten Gitarristen aufgenommen
wird. Johnny Winter und Stevie Ray Vaughan
sind nur zwei Beispiele dafür.

Die Nachfahren von Woodstock

Im Kalifornien der sechziger Jahre kommt es
zur Bildung von Supergruppen wie Crosby, Stills and
Nash, die sich später mit Neil Young zusammenschließen.
In ihrem Kielwasser taucht ein Westcoaststil auf, der den
kalifornischen Mythos, den einst die Beach Boys begrün-
deten, wiederaufleben läßt. Entspannte Atmosphäre, sorg-
fältige Produktionen, eine Rückkehr zu Anregungen aus
dem Folk, vermischt mit guter alter Country-music: eine
hundertprozentig amerikanische Musikrichtung, überhöht
von Songs, die manchmal an Lokalpatriotismus grenzen
(*Hotel California* von den Eagles). Selbst Dylan entdeckt
sie neu und tritt mit Country-Idol Johnny Cash auf.
Amerika sucht nach seinen Wurzeln und findet sie nach
dem psychedelischen Sturm in Nashville.

In perfekter Symbiose mit dieser Westcoastströmung
finden auch Songs, bei denen der Text im Vordergrund
steht, wieder eine breite Zuhörerschaft. Auch wenn die Sänger nicht den Rhythmus oder das Feuer des Rock 'n' Roll
haben, gehören einige Interpreten sehr wohl zur Welt des
Rock 'n' Roll. Es ist mehr eine Frage der Einstellung, der
Vorbilder und des Umgangs: Leonard Cohen oder Joni
Mitchell, Tim Buckley oder Paul Simon, Tom Waits oder
James Taylor, wie groß auch immer die Unterschiede sein
mögen, ihr besonderer Stil, ihr Ton wird vom Publikum

Niemand rechnet 1973
mit einer Gruppe
wie die New York Dolls
(oben). Mit ihrer fre-
chen Schnauze, ihrer
Respektlosigkeit und
ihrer Lust an der Provo-
kation sind sie ein rei-
nes New Yorker, genauer
gesagt East-Village-Pro-
dukt. Sie schaffen es,
auf ein oder zwei Akkor-
den einen kraftvollen,
witzig-leichten Rock 'n'
Roll zu spielen, was ein
Dutzend von Garagen-
bands, kleinen Gruppen
aus New Yorker Stadttei-
len wie sie, beeinflussen
wird. Nach dem verfrüh-
ten Abtreten der Dolls
im Jahre 1975 bleibt der
Gitarrist Johnny Thun-
ders (rechts) allein, um
die Fahne eines bekiff-
ten Dandytums hochzu-
halten.

als miteinander verwandt empfunden. In England kommt es dagegen zu einer Folk-Bewegung, die sich an keltische Traditionen anlehnt (Incredible String Band, Fairport Convention, Pentangle).

Aufgebracht über das, was sie als allgemeine Verweichlichung ansehen, angewidert vom Tschingbum eines überall Triumphe feiernden Progressivismus (Supertramp; Emerson, Lake and Palmer und alle ihre Underproductions), gleichgültig gegenüber der Virtuosität von Jazz-Rock-Musikern (The Mahavishnu Orchestra), bangen die eingefleischten Fans des Rock 'n' Roll um sein Überleben.

Beginnende Dekadenz

Der Rock erneuert sich periodisch durch die Qualitäten, die ihn auszeichnen: Maßlosigkeit, Provokation und Überraschungseffekte. Seit Woodstock ist die Richtung mit dem Auftauchen der Gruppe Sha-Na-Na aufgezeigt,

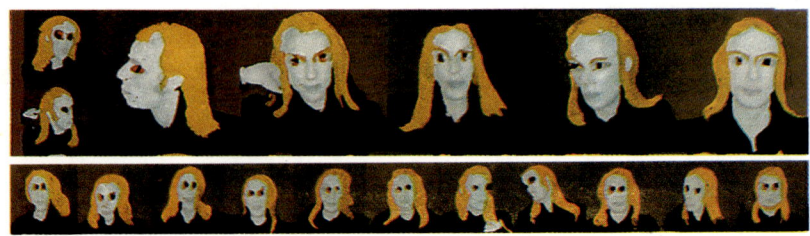

und der daniederliegende Rock wendet sich wieder seinem Ursprung zu, indem er sich selbst auf die Schippe nimmt; was zunächst parodistisch beginnt, wird mit The Flamin' Groovies sehr viel ernster. Sie schaffen ein Klima, das dem der Beatles oder Rolling Stones nahekommt (Teenage Head), indem sie für Heerscharen von Punkgrüppchen die Brücke zwischen der Popmusik der sechziger und dem Minimalismus der achtziger Jahre schlagen.

Die dekadenten New York Dolls rufen 1973 Überraschung hervor. Als archetypische *Garagenband* – wie später die Ramones – stellen sie vornehmlich ihren Look und ihre Haltung in den Vordergrund, ohne sich allzusehr um musikalische Exaktheit zu kümmern. Eine bemerkenswerte Inszenierung des Rock, die andere wie Alice Cooper oder David Bowie sorgfältig und mit großem technischen Aufwand ausschlachten. Bowies hermaphroditische Seite schockiert die kleine Welt des Rock, die an die Jeans der Westcoastmusiker gewöhnt ist.

Scheinbar oberflächlicher spielt auch Bryan Ferry die Karte einer affektierten Dekadenz aus. Nachdem er jahrelang kein auffälliges Outfit akzeptieren wollte, findet er jetzt mit Roxy Music Vergnügen an Paillettenkostümen und bühnenreifen Make-ups. Brian Eno, der ihm eine Zeitlang nahesteht, wird der Dandy des elektronischen Zeitalters. Sein Zwischenspiel bei Roxy Music ist durch das Aufkommen der Synthesizer in der Rockmusik gekennzeichnet. Dieser „Nicht-Musiker" (seiner eigenen Aussage zufolge) probiert als Amateur alle Genres durch, allein oder in Begleitung anderer, die dieses Neuland betreten, wie Robert Fripp, Harold Budd und später auch David Byrne. Wie Bowie übernimmt er auch die Rolle des Produzenten, von Kraftwerk bis U2 …

Ebenso extravagant, aber weitaus klassischer in ihrem musikalischen Ansatz verleihen Elton John oder Marc Bolan (T. Rex) dem Glam-Rock der siebziger Jahre

Brian Eno (oben) gibt dem Rock seit seinen ersten Aufnahmen mit Roxy Music 1972 eine neue Dimension. Metrum und Groove scheinen mit Brian Eno ausgedient zu haben, um experimentellen Soundkollektionen Platz zu machen, bei denen er auf die kürzlich entwickelten elektro-akustischen Neuerungen zurückgreift. Seine Zusammenarbeit mit dem Gitarristen Robert Fripp im Jahre 1974, wie später auch seine Instrumentalalben, sind ein Beispiel für einen musikalischen Ansatz, der ebensogut in ein klassisches Repertoire passen würde.

Lou Reed (nebenstehend, oben) und David Bowie (unten) sind die beiden Stars des dekadenten Rock der siebziger Jahre, und beiden gemeinsam ist die Gabe zu theatralischen Inszenierungen: Sie verstehen es, ihr Publikum gleichzeitig zu schockieren und zu verführen. Ihre Zusammenarbeit ist manchmal chaotisch, auch wenn sie zu Meisterwerken wie Lou Reeds Transformer (1972) geführt hat.

Wirkung. Spektakuläre Inszenierungen wie ihre kommen nicht zuletzt durch Genesis mit Peter Gabriel und seinen zahllosen Verkleidungen in Mode.

SECHSTES KAPITEL

NO FUTURE?

Mitte der Siebziger ist der Rock äußerst komplex geworden und hat sich immer mehr von seinem ursprünglichen „beat" entfernt. Die Verpackung ist wichtiger geworden als der Inhalt, und angesichts der übergroßen Produktionen haben die kleinen Gruppen keine Aussicht auf einen Platz an der Sonne. Um sich von dem Diktat des Big Business zu befreien und seine Wurzeln wiederzufinden, sucht der Rock in den Pubs Zuflucht, und plötzlich lebt die englische Szene wieder auf.

Das aggressive Outfit des Punk (links) soll seine ablehnende Haltung gegenüber einer Gesellschaft unterstreichen, die ihm keinerlei Zukunftsperspektiven bietet: „No future" ist angesagt.

1975 kann man in London für
den Preis eines Biers am Tresen
jeden Abend eine andere Gruppe
hören. Mit Dr Feelgood, Ducks
Deluxe, Brinsley Schwartz
(der bald zu Graham
Parker stoßen wird), Kevin
Coyne und selbst Little
Bob Story wird die
Brücke zum guten alten
Rhythm and Blues ge-
schlagen.

Das Brodeln in den
Clubs greift bald auch
auf andere Bereiche der
Musikproduktion über.
Da die großen Platten-
firmen – die „majors" –
nicht bereit sind,
Newcomer zu promo-
ten, kommt es durch
Gruppen, die noch
auf der Suche nach
einem Vertrag sind,
zur Gründung eigener,
unabhängiger Labels
(„indies"). Virgin wird
mit dem Super-Mix
Tubular Bells von
Mike Oldfield 1974
reich, bringt aber

Der Buchhalter einer
Kosmetikfirma,
Patrick McManus – alias
Elvis Costello – muß
sein Aussehen gar nicht
sehr verändern, um
Buddy Holly ähnlich zu
sehen. Sein Versuch,
dem Rock von 1975
die ästhetischen
Werte der fünfziger
Jahre wiederzuge-
ben, ist äußerst
aggressiv.

auch Kevin Coyne
mit seinem schrägen
Blues heraus und läßt
Robert Wyatt dank seines
wunderbaren Rock Bottom
wieder auferstehen. Das mehr
in Richtung Pub-Rock tendierende
Label Stiff schart einige zornige junge
Männer um sich: den Produzenten
Nick Lowe, Elvis Costello und Ian Dury
(und sein berühmtes Sex & Drugs & Rock &
Roll). Alle drei sind am Umbruch zum Punk
beteiligt.

Der Begriff „punk" ist älter als der Rock 'n' Roll.

Vor dem Krieg bezeichnete der Begriff „punk" einen herumhängenden, hoffnungslosen Jugendlichen, ein Opfer der Erwachsenenwelt. 1967 benutzt Frank Zappa den Ausdruck in *Hey Punk*, um die Hippies von San Francisco nicht gerade freundlich zu karikieren. Anfang der siebziger Jahre erfindet der Kritiker Lester Bangs den Punk-Rock, den er auf Gruppen der B-Serie anwendet. Lenny Kaye hat sie auf dem Doppelalbum Nuggets versammelt. Die Garagenbands haben seitdem so illustre Namen des amerikanischen Rock hervorgebracht wie die brillanten

Ian Dury (unten) verkörpert den Geist des Pub-Rock Ende der siebziger Jahre: Musik auf der Basis des Rhythm and Blues, angereichert mit jeder Menge Alkohol.

Solisten Todd Rundgren (Nazz), Leslie West (Vagrants) oder Ted Nugent (Amboy Dukes); oder so kurzlebige Bandgrößen wie The Electric Prunes und The Thirteenth Floor Elevator.

In den Staaten entfaltet sich die Punkszene im New Yorker Stadtteil East Village um den Club CBGB's: Im hinteren Teil eines engen Saals fetzen die Garagenbands aus Manhattan und Long Island ihren primitiven und aggressiven Rock. Kultfiguren und Dichterfürsten werden bemüht: Velvet Underground demonstrieren mit ihren Songs eine Verbeugung vor Andy Warhol, Patti Smith und Richard Hell zitieren Rimbaud, Thomas Miller nennt sich Tom Verlaine … Ihre Musik, ebenso wie ihre Attitüden, spiegeln die Neoromantik einer neuen Beatgeneration wider.

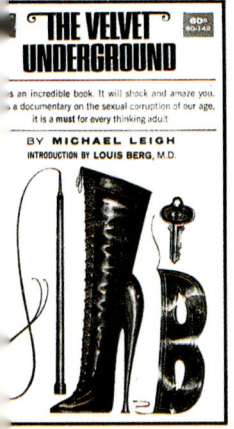

Schon immer hat sich der Rock 'n' Roll seine Bezüge auch im Kino, der Literatur und der bildenden Kunst gesucht. Velvet Underground leiten ihren Namen von einem sado-masochistischen Roman ab (links), und ein Hauch von Montparnasse weht über das East Village von New York. Eigenwillige Charaktere statt vorfabrizierter Hollywoodstereotypen sind angesagt.

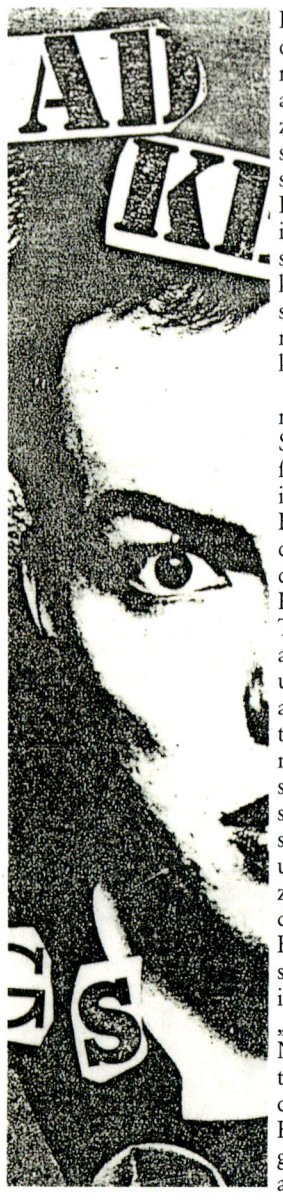

In der Gewißheit, die Looser der Gesellschaft zu sein, lehnen sie jedwede Ambitionen auf Hitparadenplätze ab und ziehen sich auf eine nihilistische Haltung zurück, die nicht selten selbstzerstörerisch ist. Eine nicht geringe Zahl von ihnen endet an einer Überdosis Rauschgift. Während dieser kurzen Phase findet der Rock seine Intensität, seine Verrücktheit und seine Dringlichkeit wieder.

Das Beispiel von CBGB's macht überall in Amerika Schule: Punkgruppen schießen wie Pilze aus dem Boden, in Cleveland (Dead Boys), in Boston (Willie Loco Alexander) und selbst im Mekka der „good vibrations", in San Francisco (Dead Kennedys, Tuxedo Moon). Es scheint so, als wäre diese Explosion urbanen Rocks die Antwort auf die Ableger eines genormten UKW-Pops, dessen vornehmstes Ziel darin besteht, seine Hörer nicht zu verschrecken. Nur Bruce Springsteen schafft es, seinem unkonventionellen Stil treu zu bleiben und trotzdem in den Hitparaden zu landen. Bruce, „the boss", Arbeitersohn aus New Jersey, wächst in Asbury Park auf. Es ist das „noman's land" vor den Toren New Yorks, ein Proletarierviertel. Als Mann aus dem einfachen Volk weiß er schnell die Herzen der Masse für sich zu gewinnen. Seine vom Rhythm and Blues beeinflußte Musik,

CBGB

– PRESENTS –

AMIN

CRAMPS

URBAN

ALTER

DEAD ★ KENNEDYS

DEAD KENNEDYS

Der Punk-Rock gewinnt in New York vor allem Terrain im Arbeiterviertel Bowery, der Hochburg der Clochards, Dichter und abgebrannten Musiker. An der Westküste bringen die Dead Kennedys die Punkwelle in Schwung.

BLACK FLAG

'10 minutes' respite from the sanctuary of sleep

at Mabuhay Gardens Wed. Oct 10 with
the Dead Kennedys

CANO
CA
50 adv/ $5.50 door

NEVER MIND THE BOLL OCKS HERE'S THE

seine großartige Intona-
tion, seine Texte, die vom
Alltag der kleinen Weißen
erzählen und sich zwischen
Sozialkritik und moralisie-
rendem Märchen bewegen,
seine Fähigkeit, sich mit
einer Generation auf der
Suche nach Gerechtig-
keit und Stolz (*The River*)
zu identifizieren, all das
gehört zu seinem Erfolgs-
rezept.

Auch wenn Bruce
Springsteen sich nie um
den Intellektuellentouch
eines Bob Dylan bemüht
hat, reicht er doch an dessen frühere Publikums-
wirksamkeit heran.

Ein ähnlich boden-
ständiges Feeling haben
Bob Seger in Detroit,

Huey Lewis in San Francisco und Southside Johnny in New Jersey: männlich bis macho-mäßig, dabei den Rhythm-and-Blues-Wurzeln sehr nahe und patriotisch bis zur Entgleisung.

England entdeckt seine Punks.

1975 verbringt Malcolm McLaren seine Zeit zwischen den New York Dolls, die er managt und die sich am Ende ihrer Karriere befinden, und seinem Laden in der King's Road in London. Er gibt vor, dem Studentenprotest nahezustehen und hat – wie viele andere auch – genug von der Gier des Showbusineß und vom Größenwahn der neuen Rockstars. Er möchte gern eine neue Gruppe promoten, die seinem Geschmack nach Provokation entspricht, und er möchte dabei die brutale und entfesselte Energie der frühen Rocker wiederfinden. Die Sex Pistols erfüllen von 1976 an seine Wünsche vollauf (*Never Mind The Bollocks*). Was kümmert es da, wenn Johnny Rotten und Sid Vicious nur eine vage Vorstellung davon haben, was Noten sind. Sie sind Ladendiebe, Junkies, destruktiv und vulgär, und sie wurden wegen ihres Kleingangster-Images ausgewählt. Sie sind das perfekte Gegengift für das silberne Kronjubiläum der englischen Königin 1977 (*God Save The Queen – The Fascist Regime*): Plötzlich sieht sich eine Randgruppenszenerie in das Scheinwerferlicht der Medien gezerrt. Von Bromley

Jonny Rotten (links) alias John Lydon behauptet sich als Leader der Sex Pistols. Seine außergewöhnliche Bühnenpräsenz läßt seine Musiker etwas in den Hintergrund geraten. Nur sein Bassist, Sid Vicious (alias John Ritchie) schafft es, sich neben ihm zu profilieren, allerdings um den Preis einer spektakulären Selbstzerstörung: Er zerschneidet sich die Brust mit den Glassplittern einer Flasche, greift die Zuschauer körperlich an und läßt sich dann selbst schlagen. Schließlich stirbt er an einer Überdosis Rauschgift, nachdem er seine Freundin in einem New Yorker Hotel umgebracht hat. Für die Sex Pistols ist die beste Zeit schon vorbei. Doch in den zwei Jahren, von 1976 bis 1978, haben sie die Rocklandschaft aufgerüttelt und bestimmte Grundeigenschaften des Rock – wie die Provokation, die gespielte Gewalt, das Naserümpfen über die Obrigkeit und das Infragestellen der von ihr angebotenen Vorbilder – wieder in Mode gebracht. Mehr als 15 Jahre später bewegt dieser leicht entschärfte Punk-Rock noch immer die Gemüter.

IN *THE* U.K.

Contingent, einer Suburb-Gruppe, die auf sado-masochistisch macht, geht eine starke destruktive Publikumswirkung aus: Blasse Gesichter, zerrissene Kleidung, zerstochene Haut, abrasiertes oder zu Irokesenkämmen aufgetürmtes Haar sind plötzlich in. Der englische Punk nimmt Abschied von der Eleganz der jungen Popprinzen. Natürlich greifen die Trendsetter rasch ihre Ideen auf, wie etwa Vivienne Westwood – Partnerin von McLaren – und Bernie Rhodes, Stylist und Manager von The Clash.

Politisiert und nervös behaupten sich The Clash als Leader einer Bewegung, deren zerstörerisches Symbol die Sex Pistols bleiben. Ihr Beispiel macht 1977 Schule. Hunderte von Gruppen folgen ihnen und entdecken dabei eine Ureigenschaft des Rock 'n' Roll wieder: die Revolte. Mit beschränkten Mitteln und einer geringen Kenntnis der Musik kann nunmehr jeder die Bühne betreten. Im Roxy Club von London treten Gruppen auf, die die sechziger Jahre zitieren: Jam, Buzzcocks, Damned. Es entstehen immer mehr kleine Labels. Aber den positiven und freizügigen Ideen der früheren Hippies entspricht jetzt das trostlose Konstatieren einer blockierten Zukunft („no future")

Während die Sex Pistols im Vereinigten Königreich die Anarchie ausrufen, predigen The Clash den bewaffneten Aufstand (*White Riot*). Joe Strummer (unten rechts) ist ein bißchen der ideologische Kopf der Gruppe. Seine Band artikuliert die Frustration einer Jugend, die von der Polizei schikaniert wird und in den trostlosen Städten der Wirtschaftskrise einer Zukunft von Arbeitslosigkeit entgegensieht. Durch ihre Songs bekunden The Clash ihre Solidarität mit den Einwanderern aus Jamaika und greifen dabei Themen aus dem Reggae auf.

für die von der Wirtschaftskrise hart getroffene Generation. Dieser Nihilismus fällt in Frankreich und Deutschland auf fruchtbaren Boden. Zehn Jahre später erfährt
die Punkbewegung hier einen neuen Aufschwung und
geht zugleich das Wagnis unabhängiger Labels ein.

Die neue Welle

Das Publikum sieht sich mit zwei völlig unterschiedlichen
Musikrichtungen konfrontiert. Da ist zum einen die rohe
Energie des Punk, von dem ein nihilistischer Abgesang
an den Status quo ausgeht, und da sind auf der anderen
Seite die lockeren, eleganten Musiker von Police oder
Dire Straits. Mit den Auftritten letzterer beginnt eine neue
Ära. Police greifen, wie zuvor schon Eric Clapton, den
Sound des Reggae aus Jamaika auf, den Bob Marley reprä-
sentiert. Dire Straits hingegen setzen auf einen gediegenen
Südstaatenrock, wie ihn J. J. Cale spielte. Diese rückwärts
gerichtete Bewegung des Rock sucht den Anschluß an die
Massen zu finden, was ihr auch gelingt: In gigantischen
Stadien produzieren sich vergängliche Größen wie
Madonna.

Als sich Ian Curtis 1980 in Macclesfield das Leben
nimmt, ist seine Gruppe Joy Division längst schon die
obligate Kultband der New-Wave-Bewegung. Ihre Musik
übersetzt die Trostlosigkeit der modernen Welt in ein emo-
tionsgeladenes Klima. Diese dunkle Romantik teilt auch
die Londoner Suburb-Gruppe The Cure. Die spöttischen
und desillusionierten Nachfolger der ersten Punks brechen
mit der Tendenz der manierierten und letztlich angepaßten

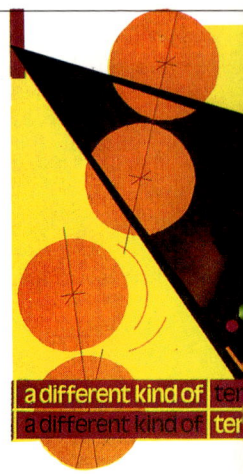

Die Buzzcocks aus
aus Manchester
erinnern an die Small
Faces der Mods-Zeiten:
Scheinbar ganz gewöhn-
liche junge Männer,
sind sie in Wahrheit mit
Amphetaminen vollge-
stopfte Rockmusiker.
Anlehnungen an die
sechziger Jahre sind in
dieser Welle von 1977
nicht selten, wie etwa
auch die Jam zeigen.

Stars der achtziger Jahre, die mehr auf ihr Outfit, ihr Image als auf ihre musikalische Handschrift achteten (Duran Duran, Spandau Ballet). Letzteres ist auch eine Folge des anbrechenden Videoclipzeitalters. Der Videoclip findet großzügige Sendeplätze in den speziellen Sendern wie MTV, was dazu führt, daß das Design der Musiker, ihre Selbstinszenierung in den Vordergrund rückt. Einige – wie Joe Jackson, ein exzellenter Interpret des englischen Rhythm and Blues – lehnen sich gegen den Konformismus und die herrschende Zensur des Fernsehens auf. Andere sind geschäftstüchtiger und greifen auf versierte Video- oder Kinoleute zurück, um ihre Message zu verbreiten. So beauftragt Michael Jackson den Videofilmer John Landis mit der Realisierung eines Kurzfilms zum Song Thriller. Der Erfolg des Clips hatte sicherlich einen nicht unbeträchtlichen Anteil an dem Erfolg des Albums.

Totgesagt und wiederauferstanden

Parallel zum Videoclip hat die Compact Disc (CD) den Markt erobert. Die rasch aufeinanderfolgenden Wiederauflagen älterer LPs bringen auch jene Musikströmungen

R obert Smith gründet 1978 in einem Londoner Vorort The Cure. Einer ihrer ersten Songs *Killing An Arab* bezieht sich auf Albert Camus' Novelle *Der Fremde.* Diese Waisenkinder einer düsteren Romantik machen Schule, und ihre Kleidung, ihre Frisuren werden nachgeahmt.

U 2 (*You Too*), eine irische Gruppe (unten), verbindet den Rock mit christlichen Werten und utopischen Forderungen. Alles deutet darauf hin, daß der Begriff „heroischer Rock" für U2 geprägt worden ist. Die Gruppe erscheint auf den Plakaten der großen Benefizkonzerte wie selbstverständlich neben Sting, Peter Gabriel, Bruce Springsteen oder Bob Geldof. Diese Künstler geben dem Rock 'n' Roll nach Jahren der Gleichgültigkeit, des verrückten Strebens nach mehr, des Zynismus und Nihilismus wieder einen versöhnlicheren Anstrich.

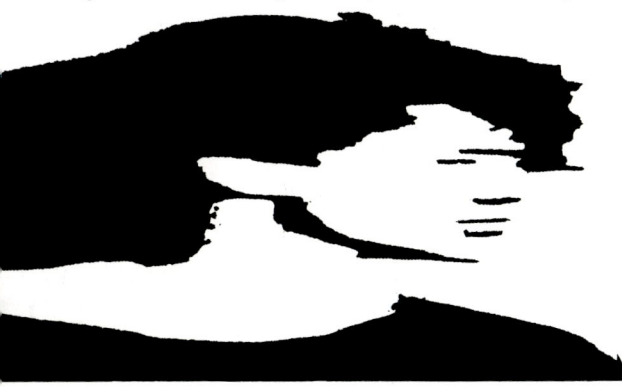

wieder ins Bewußtsein, die eigentlich schon in Vergessenheit geraten waren. Und so besinnt sich der Rock auf seine Vergangenheit, bereitet sie wieder auf und ruht sich auf seinen Errungenschaften aus, ohne eigentlich viel Neues zu entwickeln.

Gruppen wie U2 oder Simple Minds werden im Starsystem aufgerieben. Dem Rock scheint es immer schlechter zu gehen. Aber hat er nicht seit seinen Anfängen den Druck des Showbusineß ertragen, um sich – wenn es ihm an Inspiration ermangelte – auf altbewährte Rezepte zu besinnen? Die Rolling Stones haben Chuck Berry adaptiert, bevor sie selbst wiederum von Telephone und einem Dutzend Garagenbands kopiert wurden. In der heutigen Zeit ist nur die Zahl der Vorbilder größer geworden. Seit den Beatles versteht man sich darauf, auch die Volksmusik der ganzen Welt zu durchforsten, woraus eine neue weltumspannende Dimension des Rock resultiert. Man denke nur an geographisch so weit voneinander entfernte Musiker wie Peter Gabriel, David Byrne oder Rita Mitsouko.

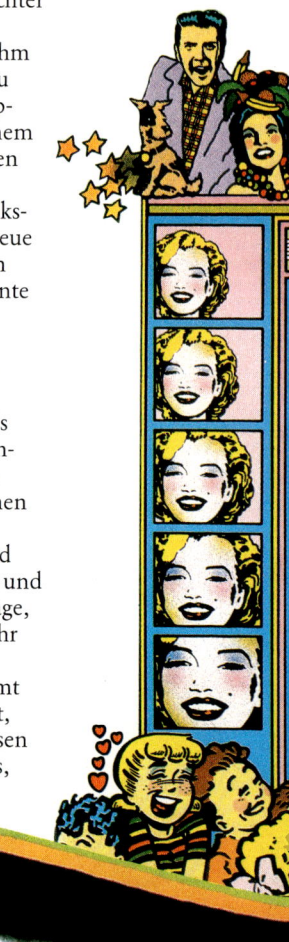

Trotz der Unkenrufe derer, die mit Beharrlichkeit sein unvermeidliches Ende voraussagen, ist der Rock lebendig wie eh und je. Es gibt Hunderte kleiner Labels und mit ihnen Tausende von Gruppen, die sich seit langem auf die einfache Weisheit besonnen haben, die da heißt: Man nehme eine Gitarre und schließe sie an einen Verstärker an.

Der Protestsong findet mit Tracy Chapman, Sinead O'Connor oder den Rappern der Vorstädte seine Kraft und sein Publikum wieder: Die aktuelle gesellschaftliche Lage, das steht fest, liefert genügend Themen. Und es ist mehr als wahrscheinlich, daß dies so bleibt.

Mit dem Überdruß an der High-Tech-Disco kommt der Tanz auf den „rave-parties" wieder zu seinem Recht, diesen spontanen Zusammenkünften um eine vor Bässen brummende Anlage. Und schon gibt es nach Memphis,

Liverpool und Manchester für kurze Zeit ein neues Mekka: Seattle mit seiner „grunge"-Bewegung um Kurt Cobains Nirvana. Doch nimmt sich dieser, zermürbt von Depressionen und Drogenkonsum, im Frühjahr 1994 das Leben.

Von Zeit zu Zeit Opfer seines eigenen Größenwahns, schafft der Rock es immer wieder, sich aus seiner ureigensten Energie heraus aufzuraffen. Er schöpft dabei aus der nicht versiegenden Kraft

seines jungen Publikums, für das Musik immer auch Medium der Abgrenzung von den Pantoffelhits der Elterngeneration ist. Was als musikalische Bewegung in den Schwarzenghettos begann, entwickelte sich zur musikalischen Kraft, die den Aufbruch der jungen Generationen begleitet. Elvis Presley kann beruhigt schlafen: „The beat goes on."

Der Rock hat sich immer für neue Techniken begeistert, auch auf die Gefahr hin, seine Schlichtheit, seine Wärme und Kraft zu verlieren. Die eisigen Synthesizer der siebziger und achtziger Jahre haben inzwischen glücklicherweise dem Sampling der Housemusic Platz gemacht. Und auch der Tanz wird wieder zu einem wichtigen Element. Der Rap, der Funk und sein elektronischer Bruder, der Techno-Funk, machen Stimmung auf den „rave-parties", diesen improvisierten Zusammenkünften um eine große Anlage und einen die Rhythmen geschickt mischenden Discjockey.

Auf der folgenden Seite: Keith Richards von den Rolling Stones.

ZEUGNISSE UND DOKUMENTE

Was ist Rock?

Auf diese Frage gibt es wohl kaum eine präzise, verbindliche Antwort, allenfalls die kurze und deutliche Chuck Berrys: „Rock, rock, rock 'n' roll. The feeling is there – body and soul."

Rock 'n' Roll ist ein Mittel, um den Weißen auf das Niveau des Negers zu ziehen. Er ist ein Teil eines kommunistischen Komplotts zur Unterminierung der Moral der Jugend unserer Nation.
Alabama White Citizens Council

*But what can a poor boy do
'xcept to sing for a rock 'n' roll band?*
Rolling Stones:
Street Fighting Man

The Who (1965); v.l.n.r.: Keith Moon, Roger Daltrey, John Entwistle und Pete Townshend

Rock 'n' Roll: Die stille Revolution?

1970

Rockmusik soll amüsieren, glücklich stimmen und zum Tanzen bringen. Aber Rockmusik soll auch zum Nachdenken verführen über die kostbare Luft, die wir einatmen, soll einen ein bißchen lebendiger und selbstbewußter machen, soll zum Handeln inspirieren. Es gibt sehr wenige von Menschen geschaffene Dinge, die einen fast so stark bewegen wie der Anblick eines tobenden Meeres. Rock kann das.

Weil eine Revolution passiert. Eine sehr stille. Aber eine, die man spüren kann. Die Dinge ändern sich, und die Leute wollen sich nicht ändern. Die Musik treibt sie nicht hart genug. Die Leute erwarten viel von Pop. Sie erwarten viel von den Leuten, die Popmusik machen. Sie erwarten, daß Popmusik die Revolution entfacht. Das kann sie nicht. Sie kann sie nur widerspiegeln, wenn sie kommt. Die Leute müssen sie zuerst machen, dann kann Musik sie reflektieren.

Ich glaube, Rockmusik kann alles machen. Sie ist ein Vermittler für wirklich alles. Sie ist der beste Vermittler für alles, was man sagen möchte, was man herunterreißen, aufbauen, töten und neu schaffen möchte. Man kann damit alles machen.

Pete Townshend;
zit. n. Raoul Hoffmann:
Zwischen Galaxis und Underground
(1971)

1990

Pete Townshend, früher der wilde Mann, der seine Gitarre zertrüm-

merte, hat heute ein ganz anderes Image: das einer Vaterfigur der engagierten Red-Wedge (Roter Keil)-Bewegung, die zum Beispiel Amnesty, Anti-Apartheid- oder Anti-Heroin-Projekte unterstützt. Der Who-Gitarrist, ein Idol der Sechziger, betrachtet dieses Jahrzehnt heute als eine Katastrophe. „Es wird als eine der großen lächerlichen Epochen in die Geschichte eingehen, vor allem weil es den Menschen in dieser Zeit an Perspektiven und Realitätssinn mangelte. Sie begriffen nicht, daß sie Veränderungen durch das bestehende System herbeiführen konnten …" Dennoch glaubte Townshend an seine Zuhörer, glaubte, daß sie – und nicht die Künstler – die wahren Idealisten der sechziger Jahre waren, „ein großartiges Publikum, das tatsächlich an eine Art Revolution glaubte, und ich denke, so ein Potential für eine wirkliche Revolution hat Großbritannien nie zuvor und auch seitdem nie wieder erreicht.

(…) Als Band hielten wir uns bewußt aus der Politik raus. ‚Won't Get Fooled Again' war eine Hymne für die Unpolitischen." Es ist ein überzeugender Song, den Townshend auch noch in den achtziger Jahren spielte; heute hingegen distanziert er sich von den im Text ausgedrückten Ansichten. „Es ist ein schrecklicher Song … darin heißt es: ‚Es hat keinen Sinn, sich mit Politik und der Revolution zu befassen, denn das ist alles Nonsens …' Das klingt wie die Leier des Ex-Nazi-Offiziers: ‚Ich habe nur die Befehle ausgeführt' …"

Heute sagt Pete Townshend – aus seinem Studio im Westen Londons über die Themse blickend –, er bedaure jene Epoche und die Rolle, die er selbst darin gespielt habe.

„Schade finde ich, daß es eigentlich keinen richtigen politischen Schwerpunkt gab. Was ich dann tatsächlich gemacht hätte, weiß ich nicht, aber mir scheint, daß viele wertvolle Jahre vergeudet wurden. Ich würde liebend gern auf manche grandiosen Augenblicke auf der Bühne und auch auf tolle Erlebnisse in meiner Schauspielerkarriere verzichten, wenn ich nur mein Gewissen damit beruhigen könnte, etwas Sinnvolles für die Allgemeinheit getan zu haben!"

Das sollte allerdings nicht die Rolle britischer Popsänger in den sechziger und frühen siebziger Jahren sein. Sie hätten mit ihren Songs, die soviel beständiger sind als der meiste Pop der Siebziger, den Soundtrack der Veränderung (zumindest der versuchten Veränderung) liefern können, doch waren sie politisch nie so engagiert, wie viele ihrer Anhänger glaubten.

Robin Denselow:
The Beat Goes on
(1991)

Jerry Lee Lewis während eines Konzertes in den USA 1985

Rock 'n' Roll: Das schnelle Geld?

Jerry Lee Lewis, zweiundfünfzigjährig, ist noch immer ganz der alte. Genau dreißig Jahre ist es her, daß er mit „Whole Lotta Shakin' Goin' On" einen Rock-'n'-Roll-Hit hatte, der unsterblich wurde. Noch immer vollführt er die halsbrecherische Klavierakrobatik, bei der er, auf einem Bein stehend, das andere auf der Klaviatur, seine rasanten Akkordketten hämmert. Was er bietet, ist eine Art „Greatest Hits"-

Kompilation. Und doch wirkt er vor diesem Publikum an den Spieltischen wie ein Gespenst aus längst vergangenen Zeiten. Nicht viel anders muß auch Elvis Presley hier ausgesehen haben, der in seinen letzten Jahren auf derselben Bühne stand. Wo ist er hin, der rebellische Geist des Rock 'n' Roll, den Jerry Lee Lewis mit all den großen Hits von einst hier wieder heraufbeschwört? Ging es wirklich um nichts anderes, als daß eine Generation unbefriedigter Teenager letztlich auch nur einen Platz an den Spieltischen in Las Vegas wollte? (…) „Mister Lewis, entschuldigen Sie, wenn ich das frage. Aber sehen Sie diese Umgebung hier nicht auch ein wenig im Widerspruch zu Ihrer Musik, die doch einmal für viele junge Leute den Geist der Rebellion gegen festgefahrene und überholte Lebensformen repräsentierte?"

Ich glaubte schon, er habe mich entlarvt. Laut lachend antwortet er nämlich: „Das ist Soziologengeschwätz. Rock 'n' Roll hatte immer mit dem zu tun, was wirklich zählt im Leben – Geld! Nicht mit Moral oder einer besseren Zukunft, die sie dir versprechen, damit du fleißig weiterschuftest. Wir wollten unseren Platz auf dieser Welt, ohne Verrenkungen und krummen Rücken, und jetzt haben wir ihn, genau hier in Las Vegas. Alles andere ist Quatsch!"

Peter Wicke:
Bigger than life
(1991)

Rock 'n' Roll: Vehikel politischer Anschauungen?

Rock ist nicht mehr und nicht weniger politisch als jede andere Kunstform auch. Wieso sollte er? Kein Mensch würde im Ernst auf die Behauptung verfallen, Kurzgeschichten seien politisch oder Schrottplastik sei politisch, obwohl solche Behauptungen mit der gleichen Berechtigung aufgestellt werden könnten wie die, daß Rock-Musik politisch sei. Die Frage nach den politischen Aspekten dieser Musik konnte nur deswegen aufkommen, weil es die bevorzugte

Musik bestimmter gesellschaftlicher Randgruppen ist, die auf ihre Weise die revolutionäre Veränderung der bestehenden Gesellschaft betreiben. Erst diese Tatsache hatte gewisse Rückwirkungen auf die Musik selbst, zumal manche Rock-Musiker auf Grund ihrer gesellschaftlichen Auffassungen und ihrer Lebensweise als Angehörige dieser Randgruppen betrachtet werden können. Erst das Bewußtsein ihrer gesellschaftlichen Stellung versetzte sie in die Lage, ihre Musik zum Vehikel politischer Anschauungen zu machen. In der Regel führte das zu einer Politisierung der Songtexte. Aus ihnen aber ist allenfalls der politische Bewußtseinszustand der Verfasser abzulesen, nicht aber der politische Charakter der Musik selber. Wie steht es jedoch mit dem politischen Gehalt eines Gitarrensolos oder der Gesangsimprovisation über die Worte „I'm goin' home"?

Helmut Salzinger:
Rock Power oder
Wie musikalisch ist die Revolution?
(1982)

Rock 'n' Roll: Eine Alternative zur bourgeoisen Fadheit?

Rockmusiker sind aber vor allem Musiker und Unterhalter, und gäbe es nicht das ganze Gerede von der Rock-Revolution, dann würde kein Mensch klare politische Vorstellungen von ihnen erwarten. Die bitterste Ironie besteht darin, daß die Masche mit der Rock-Revolution es beinahe geschafft hat, das revolutionäre Potential, das der Rock tatsächlich enthält, auf fatale Weise einzuschränken. Die Industrie war so erfolgreich mit ihren Versuchen, eine euphorische Stimmung über die Machtübernahme der Jugend zu verbreiten, daß der harte politische Kern des Rock, seine ständige Verdeutlichung der verschiedenen Frustrationen, denen man als Jugendlicher ausgesetzt ist, schließlich ignoriert oder abgeschwächt wurde. Rockmusiker und ihre Zuhörer standen immer in dem Konflikt zwischen den offensichtlichen Annehmlichkeiten, die Amerika bietet, und dem hohen Preis, den man für den Konsum dieser Annehmlichkeiten bezahlen muß. Rock ist keine revolutionäre Musik, er ist nie weiter gegangen als bis zur Artikulation dieses Paradoxons. In den besten Fällen hat er den Ausstieg aus der Gesellschaft als Widerstandshandlung angeboten; seine Gewalt beschränkte sich auf den Aufschrei: Laßt mich in Ruhe.

Rock, die Hintergrundmusik des Heranwachsens, wurde zur gemeinsamen Sprache einer Generation. Die Musiker des New Rock machten nicht nur die Musik, sie trafen gleichzeitig eine ästhetische und soziale Aussage, indem sie sich als Medium gerade den Rock aussuchten.

Daß der Rock kommerziell war, schien eher ein Vorteil zu sein. Es garantierte weite Verbreitung, Hoffnung auf einen guten und möglicherweise grandiosen Lebensstil und die Aufrichtigkeit zuzugeben: Ja, wir sind die Kinder des Überflusses, streit es nicht ab, Mensch, steh drauf. Als Musik besaß der Rock einen unleugbar befreienden Effekt. Mit seinem Drive und seiner Sinnlichkeit bot er implizit und explizit eine Alternative zu der bourgeoisen Fadheit an. Die

Freiheit, die die Gesellschaft dem Rock gewährte, schien ausreichend, um seine Anhänger in die Lage zu versetzen, ihre Energien ohne unnötige Hemmungen auszudrücken. Die Freude am Rock war mit keinerlei Qualen behaftet. Der Schock, der von Elvis' goldenen Laméanzügen ausging und von John Lennons wild angemaltem Rolls-Royce, war ein unheimlicher Spaß, ein Witz über die bürgerliche Gesellschaft.

Michael Lydon:
Rock For Sale
(1969)

Rock 'n' Roll: Ein Wegweiser für Pseudo-Paradiese?

Aber was ist dann Rock 'n' Roll, wenn er nicht als Ersatz für irgendeine Revolution taugt? Wenn er weder Botschaften noch Heilslehren noch Theorien glaubwürdig anbieten kann? Rock-Musiker sind keine Politiker, und kein Pop-Festival kann Repression am Arbeitsplatz, Unterdrückung vitaler Bedürfnisse und soziale Ungerechtigkeit abschaffen. Rock 'n' Roll taugt als Wegweiser allenfalls für Pseudo-Paradiese. Er offeriert eine eher pessimistische Vision der Zukunft.

Rockmusik kann politische Realitäten nicht direkt verändern. Aber sie kann vielleicht beitragen, die Voraussetzungen dafür zu schaffen. Ein Gitarrensolo von Keith Richard oder Ron Wood vermag ein Maß an Trauer und Aggression, Dynamik und Melancholie im Hörer freizusetzen, das mehr bewirken kann als jeder noch so aktivistische Text. Rockmusik kann gesellschaftliche Zwänge nicht aufheben, aber sie zumindest bewußtmachen. Sie kann ein Klima schaffen, in dem Befreiung eher möglich wird.

Ralph Gleason:
Who Is Ripping Off Whom?
(1970)

Rock 'n' Roll: Die Lust am Schock?

Zugegeben, die Lage ist verwirrend: Metall in allen Legierungen, HipHop, Rap, Gitarrenpop, Dancefloor, Rave, Acid, House, Techno – und die Waschzettel der Plattenfirmen lesen sich wie Kochrezepte: „Sie berufen sich auf jüngere Traditionen wie Rap und House sowie auch auf klassische Genres wie Soul und Funk. Dazu gesellen sich Hard-Core-Fusion-Elemente aus der aktuellen New Yorker Szene inklusive Hard-Rock- und Heavy-Metal-Anleihen (Sony Music über The Stroke). Neue Kombinationen lassen sich mühelos selbst herstellen: TechnoMetal, HeavyHouse, HipBop, AcidMetal, FolkTechno, SoulHop, GitarrenRap. (...)

Das Massenphänomen Rockmusik hat sich zur massenhaften Randerscheinung entwickelt. Die Alten wollen sie nicht verlieren, brauchen sie aber nicht mehr zum Leben. Die Jungen leben damit, aber sie leben nicht davon. Die Musikindustrie sucht danach und irrt sich wie eh und je. (...)

Vielleicht hat man vergessen, daß das Schönste an der Rockmusik ihr Ahistorismus ist, daß jeder wieder von vorne anfängt, arrogant, melancholisch, provokativ, sicher ein bißchen dumm, aber voller Ernsthaftigkeit. Die Wut, die Lust, sich abzugrenzen, zu schockieren, läßt sich nicht mit Schallplatten-Rezensionen befrieden. Daß die Formen des Protests ausgeschöpft sind, kann man konstatieren. Mehr ist nicht möglich, als das Publikum anzuspucken, sich die Brust mit Glasscherben und Rasierklingen aufzuritzen, die Zuhörer zu ignorieren, sie mit Lautstärke zu erschlagen oder böse Sätze gegen Gott, die Polizei oder die Königin zu bellen. Alles schon mal dagewesen – Ice T oder die Guns N' Roses kümmern sich wenig darum –, das Jetzt verurteilt den gesetzten Rockfreund zum musikalischen Versicherungsnehmer. Nicht, daß er älter ist, er will etwas, hat etwas zu verteidigen gegen die, die (noch) nichts haben, die nichts wollen außer Ärger zu machen. Und das verstimmt, daß diese unsere Hoffnung, der Rock möge sich doch progressiv weiterentwickeln, von jeder neuen Generation zurückgeworfen und enttäuscht wird. (...)

Nicht die Rockmusik ist an ihrem Ende angelangt, sondern die Illusion von verbindlichen Kriterien und den damit verbundenen Aversionen und Auseinandersetzungen. Die traditionelle Rockmusik – inzwischen als europäische Volksmusik akzeptiert – war vielseitig verwendbar. Man konnte tanzen, träumen, sich lieben, die Faust ballen, zuhören und sogar Englisch lernen. Unversöhnlich schienen die Gegensätze zwischen den netten Beatles, den bösen Stones, den klugen Kinks, den abgehobenen Pink Floyd – es waren Scheingefechte.

Konrad Heidkamp:
WopBopaLooBop
(1992)

Beat, Beat, Beat

Im sozialen Dampfkessel Liverpool hob sich mit den Beatles der Deckel. Doch während die ehemaligen Underdogs mit ihrer Beatmusik in die weite Welt zogen, köchelte in der Bundesrepublik der Rock weiterhin auf Sparflamme.

Die Beatles während eines Konzertes 1970. Im Bild: John Lennon (vorn) und Ringo Starr

Beatles und Stones

Die Beatles betrieben ihr Styling systematisch. Als sie allabendlich in den Kaschemmen hinter der Hamburger Reeperbahn zum Tanz aufspielten, waren sie noch ganz normale Rocker. Sie mochten schwarze Lederblousons und die schnellen Stücke von Chuck Berry. Sie wurden erst etwas Besonderes, als ihnen eine deutsche Freundin die langen Tollen ins Gesicht kämmte und ihr cleverer Manager ihnen die Krawatten knotete. Nach herkömmlichen Kriterien hätte das nicht zusammengepaßt: adrette Straßenanzüge und schrille Gitarrenakkorde. Doch die Teeanger fanden's „irre", die Beatles stöhnten „Uuuuuuuh" und „Aaaaah", und ihre Platten wurden der bedeutendste Exportartikel des Vereinigten Königreichs. Auf dem Höhepunkt ihrer Karriere hielten die Umsätze der Beatles sogar die Talfahrt des englischen Pfundes an den internationalen Devisenbörsen auf. Prompt kam die Royal Family in ein Konzert. „Es wäre jetzt ganz nett, wenn ihr mitklatschen würdet", meinte John Lennon an jenem Abend zum Publikum. „Bei denen da oben", er deutete in Richtung der königlichen Loge, „reicht es, wenn sie ein wenig mit den Juwelen klimpern." Ein knappes Jahr später verlieh Queen Elizabeth II. den vier Beatles den Orden des Britischen Empire.

Jahrhundertelang war diese Auszeichnung nur an die Präsidenten des House of Lords verliehen worden, an Aufsichtsratsvorsitzende, Gouverneure oder an Veteranen aus dem Generalstab. Von den Beatles war noch keiner 25 Jahre alt, als sie den

Die Rolling Stones

Orden erhielten. Bisher war „die Jugend" nur ein Haufen pubertierender Halbstarker gewesen, unreife Teenager, die nicht weiter denken konnten, als ihr Taschengeld reichte. Von nun an galt „die Jugend" als Schrittmacher und als Maßstab kultureller Entwicklungen. Plötzlich waren mystisch geschminkte Backfische in frechen Courrège-Kleidchen der Idealtypus, das Wunschbild der Industriegesellschaften. Oder junge Männer, denen gerade der erste Vollbart gewachsen war. Die hatten natürlich lange Haare, fuhren französische Kleinwagen und konnten die neuesten Langspielplatten der Doors oder von Simon & Garfunkel komplett mitsingen.

Macht zu haben, eine führende Rolle zu spielen, war dem Rock 'n' Roll immer suspekt. Als zum Beispiel Keith Richard, der rauhbeinige Gitarrist der Rolling Stones, 1974 in Fordyce, Arkansas, und 1978 in Toronto wegen Rauschgiftdelikten verhaftet wurde, stürmten jeweils Tausende

Fans die Gerichte. Sie wurden sehr deutlich: Kein Stein der Justizgebäude würde auf dem andern bleiben, falls ihr Idol weiter eingesperrt oder gar hart bestraft werden sollte. – Beide Male beugten sich die Richter der amorphen, doch unmittelbaren Gewalt. „Die Rolling Stones haben diese Macht nur deshalb, weil sie nie davon Gebrauch gemacht haben", erklärte Keith Richard 1981.

Tatsächlich hat die Rockmusik nie in politische Konflikte eingegriffen. Nachdem sie die Sinnstiftungsmaschine ausgeknipst hatte, konnte sie sich in Ruhe mit sich selbst beschäftigen. 1968, noch tobten die Straßenschlachten der Studentenrevolte, fragten sich die Rolling Stones in ihrem Hit „Street Fighting Man": „What can a poor boy do?" Sie kamen nur auf die bezeichnende Antwort: „Play in a rock 'n' roll band!"

Michael O. R. Kröher:
Awhopbabaloopba! Awhopbamboom!
(1984)

Yoko Ono und die Beatles

Yoko Ono, geboren 1933, machte in den sechziger Jahren mit Happenings, avantgardistischen Kunstausstellungen und bizarren Pop-art-Experimenten auf sich aufmerksam. 1968 begegnete sie in London John Lennon. Wenige Monate später, im März 1969, heirateten die beiden in Gibraltar. Ihre erste gemeinsame Platte, „Unfinished Music No. 1: Two Virgins", erschien schon im Oktober 1968. Noch fünf weitere gemeinsame Veröffentlichungen folgten, die letzte, „Double Fantasy", am 15. November 1980, drei Wochen vor der Ermordung von John.

YOKO ONO: Ich glaube kaum, daß man in der Presse derart über mich hergefallen wäre, als ich John heiratete, wäre ich nicht eben eine Asiatin gewesen. Man schrieb, daß ich die Beatles auseinandergebracht hätte: es hieß, daß man sich nicht meiner Kunst, sondern der Kunst, die ich verhindert hätte durch die Ehe mit John, erinnern würde. Dabei war es, sofern es überhaupt einen Zusammenhang gibt, eher umgekehrt. Es gab bereits Spannungen in der Gruppe, die die vier voneinander entfernt hatten, noch bevor ich John traf. Die Beatles waren zu einem Monstrum geworden, das jeden der vier zu verschlingen drohte. Irgendwie müssen sie das gefühlt und sich innerlich dagegen gewehrt haben, denn die Stimmung war oft sehr gereizt. Und der erste, der es solo versuchte, war nicht John, sondern George Harrison. (...) Wurde in den Zeitungen über mich geschrieben, dann fehlte nie das Wort „schlitzäugig". In der ersten Zeit mit John bekamen wir Briefe von Fans, in denen dann zu lesen war, er möge sich hüten, damit ihm im Bett nicht die Kehle von mir durchschnitten werde usw. 1974 veröffentlichte eine der größten New Yorker Zeitungen die Rezension eines Konzertes von mir, in der stand, „mit ihren schaukelnden Titten und ihren Schlitzaugen glaubt sie wohl, sie sei sexy oder so etwas Ähnliches, aber den Schreiber vermochte das nicht zu beeindrucken" usw. (...)

PW: *Ist das noch immer so?*

YOKO ONO: Nein, seit dem Tod von John geht man mit mir in dieser Art nicht mehr um, aber akzeptiert werde ich deshalb trotzdem nicht mit meiner eigenen Arbeit. Hier ist die Unsachlichkeit geblieben, nur der Ton hat sich geändert.

PW: *Glauben Sie nicht, daß das nicht dennoch etwas mit Ihrer Beziehung zu John Lennon zu tun gehabt haben mag, denn es gibt doch gerade hier in New York nicht wenige Künstler aus den verschiedensten Kulturen, mit denen so nicht umgegangen wurde und die nicht sagen, sie seien hier nicht akzeptiert?*

YOKO ONO: Ja, das mag sein. Die Leute haben damals in den Beatles eine Art Heiligtum gesehen, das ihnen gehörte. Und als sie damit konfrontiert wurden, daß auch die Beatles Menschen sind, die einen Anspruch auf ein eigenes Leben haben, entlud sich ihre ganze Frustration auf diejenigen, von denen sie meinten, daß sie ihnen ihre Götter geraubt hatten. Und die Presse hat das Ihre ja dazu getan, es so darzustellen.

Peter Wicke:
Bigger than life
(1991)

Deutscher Beat

Neben den Rattles und den Lords gab es Mitte der 60er nur wenige Beatgruppen in der Bundesrepublik, die überregional bekannt waren. Die Lords bekamen nach ihrem ersten Preis beim Beatwettbewerb „Wer spielt so wie die Beatles?" im legendären Hamburger Star-Club einen Schallplattenvertrag. Von den Managern wurden sie planmäßig aufgebaut, ihr Image durch phantasievolle Kostüme ergänzt. Zunächst mußten die Lords ein Repertoire von 300 Nummern einstudieren und im Frankfurter Club 52 Spielpraxis sammeln, d. h. jede Nacht acht Stunden spielen. Im Februar 1965

folgte eine erste, sechswöchige Tournee durch die Bundesrepublik, im folgenden Jahr kamen sie bis nach Polen. In den Pop-Polls von Bravo und Musikexpress schnitten sie mehrere Male als beste deutsche Popgruppe ab. Ende April 1971 lösten sie sich auf.

Während die Lords eine wirklich deutsche Band blieben, die aufgrund ihrer mangelhaften Englischkenntnisse keine Chance hatten, international zu bestehen, entwickelten sich die Rattles zu einer internationalen Beatband mit eigenständigem Image. Achim Reichel war gerade 18 Jahre alt, als er nach seiner Kellnerlehre mit den Rattles anfing, professionell Musik zu machen.

Die deutsche Beatgruppe The Lords nach ihrer Rückkehr von einer Polen-Tournee 1966

Wie seid ihr auf den Namen überhaupt gekommen?

ACHIM: Da hab ich mal so im Dictionary rumgeblättert, und da stand dann rattle: rasseln, klötern, klappern, lärmen und so. Da hab ich gedacht, nimm man das. Eine Zeitlang haben wir in Neumünster gespielt, dann fingen wir an, Pinneberg, Schleswig-Holstein so allmählich unsicher zu machen. Wir waren von Anfang an auf 'nem ziemlich harten Rhythm-und-Blues- und Rock-'n'-Roll-Kurs. Das kam in einigen Läden unheimlich gut an, speziell im Thäder. 1962 wurde dann der Star-Club eröffnet, und die machten gleich so 'nen Band-Wettstreit. Das war die Schlacht der Lokalmatadore. Für uns war halb Barmbek auf den Beinen und so die ganze Gegend da oben, Wandsbek und Dulsberg und was weiß ich.

Wir fingen an, machten unsere Chuck-Berry-Sachen. Und haben den ersten Preis gemacht, und ab da waren wir die erste deutsche Band, die offiziell, außerhalb von irgendwelchen Wettstreiten, im Star-Club spielen durfte. Der Star-Club war ja sonst nur für englische und amerikanische Bands da. Das hat uns natürlich unheimliches Selbstvertrauen gegeben. Na, von da an spielten wir halt ab und zu im Star-Club, und kurz darauf wurde auch unsere erste England-Tournee von Manfred Weißleder, Star-Club-Besitzer und von da an Rattles-Manager, gefixt.

Das Publikum für Rockmusik war zu der Zeit weitaus jünger als heute, klar, weil die Musik noch jünger war. Also meistens kleine Mädchen, die dann mit Kreischen und Ohhhhs und Ahhhhs zusammenbrachen, uns an den Haaren zerrten, Souvenirs klauten, Hotels belagerten – na, all diese Sachen. In Deutschland dachten wir immer, das sei bloß 'n Pressegag. Das passierte uns nun selber, das war schon ungeheuer. Dementsprechend sind wir dann auch darauf abgefahren. Na, weil wir auch noch gar nicht die richtige Substanz hatten, wie soll ich sagen, wir waren auf einmal in England und hatten gar nicht das richtige Fundament für solchen Erfolg. Wir sind bis zum Gehtnichtmehr ausgeflippt, haben reichlich Scheiß gebaut, arrogant und Mädchen reihenweise …

Was für einen Status hattet ihr da eigentlich? So im Verhältnis zu den Stones und Bo Diddley?

ACHIM: Du meinst, so für die Leute? Die redeten andauernd von German Beatles und so 'nen Blödsinn. Dementsprechend waren auch so die Zeitungssachen: Ya-Ya-Ya, it's the German Beatles! Solche Sachen. Die Beatles selbst kannten wir ja aus Hamburger Tagen, mehr oder weniger oberflächlich. Wir waren eben die aus Deutschland und hatten den ganz grausamen Akzent drauf. Und da standen die Teenies so tierisch drauf, wenn wir this wie sis gesungen haben und irgendwelche Texte nur so, wie wir sie verstehen konnten, sangen und das Unverständliche durch Phantasieenglisch überbrückten.

Dann, beim zweiten- und drittenmal in England, war unser Englisch schon ein bißchen weiter entwickelt, das fanden sie dann nicht mehr so gut, das war ihnen nicht mehr urig oder exotisch genug.

Die Star-Club-Zeit war eine Zeit, wo die Rockmusik noch fürs Volk im

Achim Reichel während eines Auftritts im Berliner „Metropol" am 24. November 1993

großen und ganzen was ganz Exotisches, Seltenes, Geheimnisvolles war. Der Star-Club war so was wie ein lebendes Panoptikum. Damals gab es ja überhaupt keine Fernsehsendungen mit Rockbands, und es gab nur sehr wenige Platten. Meistens nur das, was so in den obersten Plätzen der ausländischen Hitparaden war, das kam dann hier auch raus. Und im Rund-

funk, da war der einzige, der damals Rockmusik spielte, Mr. Pumpernickel (Chris Howland) mit seinem „Boing". Jeden Mittwochabend, 19.00 Uhr, glaube ich ... Zum Schluß hat er dann immer erzählt, was seine Kinder so machen. Der hat scharfe Dinger gespielt, damals. Ein richtig heißer Typ. Die reichlich guten Rockscheiben. Wir saßen dann immer am Tonbandgerät mit dem Finger auf der Starttaste.

1966 war das Rattles-Jahr: Tournee mit den Beatles durch Deutschland („In München spielten wir als letzte vor der Pause und kamen tierisch gut an. Wir machten die große Publikumsanmache, und alle zogen mit. Und ich in so einem irrsinnigen blauen Netzhemd. Daran haben sich unheimlich viele Gemüter erhitzt. Weil wir so gut ankamen, ist Brian Epstein sofort zu dem Veranstalter Buchmann hin und hat verlangt, daß wir in Essen und Hamburg als erste spielen. Sonst gäbe es Ärger. Er war sauer, weil wir seinen anderen Gruppen, Cliff Bennett and the Rebel Rousers und Peter & Gordon, die Schau gestohlen haben.") und die Premiere von „Hurra, die Rattles kommen", dem ersten deutschen Beatfilm „... ganz witzig, aber irgendwo doch totaler Idiotenkram. Und unsere Gagen haben wir nie gesehen." Und dann mußte Achim zum Bund.

Klaus Humann / Jörg Gülden: *Achim Reichel – Rolling home zum Rock 'n' Roll* (1977)

Jenseits der 3-Minuten-Grenze

Die Intensität und Improvisationen eines Jimi Hendrix, die assoziationsreiche Lyrik eines Captain Beefheart sowie die Zitatcollagen und raffinierten Arrangements eines Frank Zappa haben dem Rock neue Dimensionen eröffnet.

Jimi Hendrix (um 1968)

Jimi Hendrix (1942–1970)

Ich weiß nicht, ob ich selbst wirklich frei bin. In meiner Musik kann ich alles tun, was ich möchte. Aber ich fühle mich beengt, wenn ich mit anderen Leuten zusammen bin. Ich fühle mich unsicher, wenn ich mit einer Person zu lange zusammenbleibe, die ich liebe. Wenn ich mehr Verpflichtungen habe, als es mir gefällt, dann muß ich mich von dieser Person trennen. Weil ich mich dann sehr unfrei fühle. Deshalb weiß ich wirklich nicht, wie frei ich überhaupt bin.

Jimi Hendrix;
zit. n. Raoul Hoffmann:
Zwischen Galaxis und Underground
(1971)

Roger Mayer ist Sound-Designer. Er schafft die technischen und gerätetechnischen Voraussetzungen für maßgeschneiderte Klangeffekte. An über tausend Studios in der Welt hat er bereits von ihm in Heimarbeit gefertigtes Spezialequipment geliefert.

ROGER MAYER: Ich traf Hendrix im Herbst 1966 in einem Londoner Klub namens Bag O'Nails. Es war einer seiner ersten Auftritte, die er in Großbritannien hatte, organisiert, um ihn den Leuten von der Musikindustrie dort vorzuführen. Ich erinnere mich sehr genau daran, denn einen Gitarristen wie ihn hatte ich nie zuvor gehört – einfach unvorstellbar. Wir kamen ins Gespräch, denn irgend jemand hatte ihm erzählt, daß ich es gewesen bin, der den Rolling Stones für ihre „Satisfaction" den Gitarrensound gemacht hatte. Es gab damals viel Wirbel darum, denn diesen Sound konnte niemand nachmachen.

Wir verabredeten uns also für den nächsten Tag im Studio. Dort begriff ich sofort, daß Hendrix nicht nur ein exzellenter Gitarrist war, sondern ein ausgesprochenes Gespür für die klanglichen Möglichkeiten der Elektronik hatte. Wenn man eine Gitarre über den Verzerrer laufen läßt, dann klingt sie nicht nur anders, sie muß auch anders gespielt werden, soll der veränderte Klang einen musikalischen Sinn haben. Ging das nicht mit den Fingern, dann nahm Jimi halt die Zähne. Er war gerade bei der Produktion von „Purple Haze" und hatte mit der Studiocrew schon einige Wochen vergeblich versucht, seiner Gitarre einen bestimmten Grundsound zu geben.

Das erste, was wir machten, war, seine Gitarre akustisch in Ordnung zu bringen. Er hatte nichts Besonderes, wie das immer vermutet wurde, eine gewöhnliche Stratocaster, lediglich für ihn als Linkshänder ausgelegt (...) Am Ende hatte Hendrix fünfzehn Exemplare seiner Stratocaster, jede mit einer ganz bestimmten Einstellung versehen. (...) Ich habe mit Jimi Hendrix bis zu seinem Tode gearbeitet und über hundert Einzelgeräte für ihn gebaut, die oft nur für eine einzelne Passage in einem Song konzipiert gewesen sind.

PW: *Der frühe Tod von Jimi Hendrix ist ein unersetzbarer Verlust gewesen. Da du bis zum Schluß mit ihm zusammengearbeitet hast, wirst du sicher Näheres über die Umstände seines Todes wissen, der ja publizistisch weidlich ausgeschlachtet wurde. Was ist dran an dem Gerede von Alkohol- und Drogenmißbrauch, von Selbstmord usw.?*

ROGER MAYER: Das ist kompletter Unsinn, den sich Leute ausgedacht haben, die ihre eigene Mittelmäßigkeit damit kaschieren, daß sie andere mit Dreck bewerfen. Ich habe mit vielen Stars zu tun gehabt und noch zu tun, mit einigen, wie Hendrix, sehr intensiv. Ich bin monatelang mit ihm, auch mit den Rolling Stones, mit Jimmy Page und anderen getourt, weiß also, was dieser Tourneebetrieb für eine ungeheure physische und psychische Belastung ist. Wer das aushalten will, ständig vor den kritischen Augen der Öffentlichkeit, wer die stundenlange Konzentration im Studio durchhalten will, wirklich auf Perfektion und Höchstleistung aus ist, der kann es sich überhaupt nicht leisten, seinen Verstand auf diese Weise zu ruinieren. Damit will ich nicht sagen, daß Popstars Abstinenzler sind. Aber das Gerede von Drogen- und Alkoholorgien ist einfach Quatsch. Gerade sie wissen, was sie aufs Spiel setzen und zu verlieren haben. Ausnahmen bestätigen natürlich auch hier die Regel.

Doch um auf Jimi zurückzukommen: Ich war an dem Abend, bevor es passierte, noch mit ihm zusammen. Er stand ungeheuer unter Streß, hatte eine mehrmonatige Tournee hinter sich und ausgeprägte Schlafschwierigkeiten. Die Kombination von Schlaftabletten und Alkohol ist ihm zum Verhängnis geworden. Er ist erstickt – ein tragischer Unfall. Was danach in der Presse daraus gemacht wurde, ist einfach perfid. Gerade er war ein ungemein disziplinierter Arbeiter.

Peter Wicke:
Bigger than life
(1991)

Captain Beefheart (* 1941)

Die Rolle des Außenseiters scheint Beefheart – geboren als Don Van Vliet am 15.1.1941 im kalifornischen Glendale – seit Kindheit an auf den Leib geschneidert: In jungen Jahren stellte er fest, daß Kindergärten nichts taugen, unterhielt sich lieber mit den gefangenen Löwen im Zoo und kreierte bizarre Lehmfiguren, was ihm bereits als Elfjährigen die Einladung

Punks und Avantgardisten berufen sich auf seine Musik, und die abseitige Intensität eines Tom Waits wäre ohne den freigeistigen Captain Beefheart & His Magic Band ebenfalls nicht denkbar.

einer Kunstschule bescherte. 1954 lernte er Frank Zappa kennen, mit dem er Drehbuch und Soundtrack für einen nie realisierten Film schrieb: „Captain Beefheart And The Grunt People". Er übernahm den Namen des fiktiven Hauptakteurs und entschied sich ein Jahr später, die Welt fortan mit Musik zu beglücken – ausgerüstet mit einer Stimme irgendwo zwischen John Lee Hooker, Frank Sinatra und Max Schmeling.

Für Herb Alperts A&M Records nahm Beefheart eine Handvoll selbstkomponierter Blues-Songs auf, die den Erwartungen des Plattenbosses

allerdings wenig entsprachen: „No commercial potential", die Bänder lagen bis Mitte der 80er Jahre auf Eis.

Für das grandiose Debütalbum „Safe As Milk" (das Musik-Magazin „Crawdaddy" bezeichnete es verzückt als „Folkblues aus dem 21. Jahrhundert") konnte Beefheart schließlich den jungen Gitarren-Champion Ry Cooder gewinnen, der jedoch kurz vor dem geplanten Auftritt beim Monterey Pop Festival die Magic Band wieder verließ: Der imageträchtige Gig wurde abgeblasen, der durchschlagende Erfolg blieb aus.

Während um ihn herum Hippies die Botschaft von Frieden und Liebe verkündeten, während die scheinbar rebellische Popmusik im Handumdrehen von der Mode- und Plattenindustrie vermarktet wurde, schuf der Captain sein eigenes Klang-Universum. Dem Improvisationsdrang seiner Mitmusiker begegnete der egozentrische Beefheart dabei stets mit kompromißloser „Bandleader"-Attitude: „Ich bestimme allein, wer was wann spielt, es bricht einfach aus mir heraus. Der Künstler bin ich."

Wer als inspirierende Kraft hinter experimentellen Klängen und kurioser Wortgymnastik bewußtseinserweiternde Drogen vermutete, lag falsch: „Ich nehme keine Drogen", versicherte Beefheart in seinen raren Interviews und fügte selbstbewußt hinzu: „Ich bin eine Droge."

1982 zog er sich endgültig aus dem Musikgeschäft zurück, um fortan sein beachtliches Talent als Maler auszuleben: „Ich habe als Musiker getan, was ich konnte", begründete Beefheart seinen Rücktritt, „doch die Malerei macht mir mittlerweile wesentlich mehr Spaß. Farbe redet nicht und erlaubt mir sogar, Fehler zu machen. Außerdem habe ich es satt, ‚Captain' genannt zu werden, ich habe nicht mal ein Boot."

Uwe Schleifenbaum:
Kult-Künstler bis in alle Ewigkeit:
Captain Beefheart
(1994)

Frank Zappa (1940–1993)

Zappa war Werbemann. Er tauchte 1966 auf, ein dünner Mann mit langer Nase, Krähennest-Haaren, einem hängenden Schnurrbart und einem kleinen Dolchbart. Er war schon ganz außergewöhnlich häßlich, aber die Mothers, seine Gruppe, ließen ihn neben sich aussehen wie Robert Goulet. Bärtig und groß und unanständig, absolut obszön sahen sie aus, wie die lebendig gewordene Standardzeichnung von Beatniks aus dem New Yorker.

Sie waren Freaks. Das sollten sie auch, das wollten sie sein. Sie spielten wieder das alte Spiel, épater le bourgeoisie, aber diesmal nannte es sich nicht Dada oder Existentialismus oder Beat, sondern es hieß Freak-out.

„Auf persönlicher Ebene", schrieb Zappa, und das sollte ein Gag sein, war es aber nicht, „bedeutet Freaking-out den Prozeß, mit Hilfe dessen ein Individuum überlebt und restriktive Maßstäbe des Denkens, der Kleidung und der gesellschaftlichen Etikette von sich abwirft, um schöpferisch sein Verhältnis zu seiner unmittelbaren Umgebung und zur sozialen Struktur als Ganzem auszudrücken."

Zu ebendiesem Zweck versammelte er seine Mother Freaks und

Frank Zappa (1984)

ließ sie dann los. Als er für sein erstes Album eine Sache namens „The Return Of The Son Of The Monster Magnet" aufnahm, ging er mit einer kleinen Armee von Hilfskräften ins Studio, und sie schnappten sich alle Musikinstrumente, derer sie habhaft werden konnten, um auf ihnen herumzuschlagen, zu stampfen, sie zu zertrümmern, sie zum Dröhnen zu bringen oder ihnen sonst irgendwelche Geräusche zu entlocken, und das Endergebnis klang, als sei eine kleine Armee ins Studio gekommen und habe sich alle Musikinstrumente geschnappt, derer sie habhaft werden konnte, um auf

ihnen herumzuschlagen, zu stampfen, sie zu zertrümmern, sie zum Dröhnen zu bringen oder ihnen sonst irgendwelche Geräusche zu entlocken. Und es klappte, es haute hin. Es ließ einen wünschen, man wäre selbst dabeigewesen, hätte mit den anderen diesen Höllenlärm entfesseln dürfen, und so übermittelte es ein Gefühl echter Befreiung, glich es einem Exorzismus.

Doch es war mehr an Zappa dran als nur spontanes Lärmen – seine Alben waren großangelegte Nach-Dada-Montagen, Visionen des Werbewahnsinns, und unter all der Pantomime waren sie wirklich sehr ambitiös.

Er nahm die schlimmsten Klischees des Vaudeville, des Showbiz und des Highschool, verband sie mit kleinen, deklamatorischen Nicht-Melodien eigener Schöpfung, und dann motzte er das Ganze auf zu satirischen Pop-Operetten, surrealen amerikanischen Alpträumen. Mit mehr Bewußtsein seiner selbst und artikulierter ist der Pop wohl nie sonst benutzt worden, und manchmal verfehlte Zappa sein Ziel völlig, manchmal war er nur geschwätzig und weitschweifig und zügellos, aber manchmal war er witzig, scharf, wahr.

In ein und demselben Album war er zugleich überheblich und phantasievoll und schlaff, pretentiös und schockierend und lachhaft. Meistens war er ein Langweiler. Ab und zu, wenn er vergaß, ernsthaft zu sein, brachte er Gutes hervor und war nie ganz nebensächlich oder unbedeutend. Aber er konnte einen eben auch verdammt langweilen.

Nik Cohn:
A WopBopaLooBoop A WopBamBoom
(1971)

Er war Musiker, er war Innovator, er war Revolutionär. Mit Frank Vincent Zappa starb am Samstag gegen Sonnenaufgang einer der bedeutendsten zeitgenössischen Komponisten, einer, der wie kein zweiter mit seinen Grenzüberschreitungen das Kategorisierungsdenken der Musikinstrumente, der Hörer, der Redaktionen sprengte, indem er die entsprechenden Schubladen herausriß, den Inhalt verstreute und nicht nur seinen Kollegen die Freiheit der Auswahl ihrer kompositorischen (Stil-)Mittel ermöglichte, sondern den Archivaren und Endverbrauchern den Zwang zur Auswahl aufbürdete. Freiheit und Zwang waren stets bestimmende Themen für Zappa – ob in seinen Texten, den Kompositionen oder dem Leben.

Sein Erfolg ist bis heute kaum zu erklären. In einer Zeit, in der sich seit einem guten Jahrzehnt – bedingt durch die Größe der kleinen Vinyl-Scheiben und der Kommerzialisierungsinteressen einer boomenden Medienindustrie mit ihren Jingles und Werbespots – die durchschnittliche Lauflänge eines hitparadenverdächtigen Stücks auf zweieinhalb bis dreieinhalb Minuten eingespielt hatte, brach Zappa zur langen Form durch, sprengte die quantitativen Normen und richtete die Länge einer Komposition ausschließlich nach quantitativen Kriterien. Das 1966 veröffentlichte Album „Freak Out" platzte, als im Vormärz zu '68 der Bodensatz für die weltweite Studentenrevolte wuchs – wie eine Bombe.

Die kafkaesken Texte waren direkt und zupackend politisch als eine Absage an den American Way Of Life, die harmonischen Komponenten stammten eher aus der Neuen Musik als aus dem Rock, die rhythmischen Elemente kamen vom Jazz. Mit der damals modernsten Studiotechnik entstanden vielschichtige Verfremdungseffekte, deren Bedeutung man manchmal erst nach dem zehnten Hören auf einer jener Underground-Parties erkannte, auf denen man sich mit Tee, Shit, später auch LSD der kollektiven Bewußtseinserweiterung hingab.

Im Jahr drauf, als der Vietnamkrieg seinem Höhepunkt zustrebte, erschien „Absolutely Free", und danach, während man dachte, das Jahr 1968 sei bereits der Beginn des neuen Jahrtausends, legte Zappa das erste reife Meisterwerk vor.

Äußerlich ist das Album „We're Only In It For The Money" eine Persiflage auf die „Sgt. Pepper's"-LP der Beatles. Doch während diese sich zunehmend auf die verklärende Beschreibung diverser Kleinbürgeridyllen spezialisiert hatten, hielt Zappa mit den „Mothers Of Invention" seiner – und unserer – Gesellschaft den Zerrspiegel vor, aus dem die ungeschminkte Maske der Bourgeoisie und die Fratze des über Millionen Leichen gehenden Verwertungsinteresses des Kapitals herausgrinste. Zappas bereits 1966 getätigte Aussage „Kein Akkord ist häßlich genug, all die Scheußlichkeiten zu kommentieren, die von der Regierung in unserem Namen verübt werden", korrespondiert mit Jean-Luc Godards Diktum, wonach die Scheußlichkeiten der Bourgeoisie nur durch noch größere Scheußlichkeiten übertroffen werden können.

Godard setzt diese Aussage zur Kannibalismusszene in seinem Film

„Weekend" (1967) und bildet dennoch Blut, Fleisch und Boden zwar verschroben, aber ästhetisch ab; Zappas Akkorde sind – wie sämtliche von ihm verwendeten Techniken – keinesfalls häßlich. Die Geräuschcollagen atmen den Hauch von John Cages früher „Radio Music", die querliegenden Synkopen gab es vorher nur im Jazz, die Orchestrierung und Stimmsätze zeigten, wie sehr er sich als Komponist an Strawinsky und noch mehr an Varèse orientiert hat.

Wahrscheinlich gab es außer den „Mothers Of Invention" damals keine Band, die eine derart komplexe Musik spielen konnte, und auch hier, bei „We're Only In It For The Money", verwundert die Tatsache, daß die Platte auch ein quantitativer Erfolg wurde. (…)

Auch nach der Auflösung der „Mothers" ging es weiter. Zappa changierte zwischen Kompositionen für großes Orchester, Instrumentaleinspielungen, bei denen er sich als überragender Gitarrist erwies, und jazzrockigen Tourneen mit wechselnden Musikern, in deren Vita der Nachweis einer Zusammenarbeit mit Zappa hinfort den Beleg erbrachte, daß sie zur Weltspitze gehörten.

Das letzte große Projekt des seit langem an Prostatakrebs leidenden Musikers wurde im vergangenen Jahr in Frankfurt verwirklicht. Seit Jahren suchte Zappa ein Orchester, das in der Lage war, seine überaus komplexen, meist auf dem Synklavier erarbeiteten Kompositionen umzusetzen. Mit dem Ensemble Modern fand er endlich den Klangkörper, der seinen Ansprüchen standhielt, und so entstand in mehreren Probenphasen die Uraufführung und Einspielung von „The Yellow Shark", einer Suite aus teils älterem Material, das umgearbeitet wurde, und teils neuen Arbeiten.

Die Art, wie der Schwerkranke, der an manchen Tagen kaum gehen konnte, die Proben verfolgte und teilweise leitete, nötigte ebensoviel Bewunderung ab wie die Gelassenheit, mit der er sich ins Unvermeidliche schickte. An guten Abenden nahm er sich auch nach den Proben Zeit, um – etwa bei einem wohlgoutierten Essen – zu plaudern; er erwies sich als ein so warmherziger Mensch und so breitgebildeter, stets amüsanter Gesprächspartner, daß man sich jetzt mühsam dazu zwingen muß, andere Situationen zu memorieren, die von übermenschlichem Schmerz geprägt wurden, um überhaupt zu realisieren, daß er nicht mehr ist.

Frank Zappa plante weitere Projekte – ebenfalls mit dem Ensemble Modern –, doch weiß man nicht, ob er an deren Realisierbarkeit noch glaubte. Seine Freunde waren seit längerem froh, wenn er wieder eine weitere Woche schmerzarm verbracht hatte. Seinen 53. Geburtstag, den er am 21. dieses Monats hätte begehen können, hat er nicht mehr erlebt.

Michael Rieth:
Freiheit und Zwang.
Zum Tod von Frank Zappa
(1993)

Die Zeit der Festivals

Das geheime Thema des Festivalbooms am Ende der 60er Jahre hieß: Wie verkauft man den Traum von der neuen Generation am einträglichsten?

Mythos Woodstock

Vier Jungmanager, zwei davon bereits mit Veranstaltererfahrungen, gründeten Anfang 1969 die Firma „Woodstock Venture". Arthur Kornfeld (26), Mike Lang (24), Joel Rosenman (26) und John Roberts (24) planten ein Rockfestival und verpflichteten eine Reihe populärer Folk-, Rock- und Popstars wie Richie Havens, Ravi Shankar, Arlo Guthrie, Joan Baez, Country Joe

Flower-power ist angesagt: hier auf einem „Love-in" in Großbritannien 1967.

& The Fish, Ten Years After, Blood, Sweat & Tears, Jefferson Airplane, Jimi Hendrix, Who und Janis Joplin.

Dann suchten sie ein geeignetes Gelände und fanden es zunächst in Bob Dylans Heimatort Woodstock. Das Festival erhielt den Dylanträchtigen Namen „Woodstock Music and Art Fair" und behielt ihn, obwohl es bald schon nach Walkill verlegt wurde und von dort schließlich nach White Lake bei Bethel ausweichen mußte, etwa 150 Kilometer von New York entfernt.

Enthielt schon ihr Festivaltitel die Assoziation zum größten Star der Rockgeneration, so weiteten sie nun

das Festival zum großen Ereignis der amerikanischen Rockszene aus. Sie mieteten Anzeigenraum in allen größeren Untergrundzeitungen (Auflagen bis zu 100 000 pro Woche) und warben dort mit dem Slogan „Ein Festival des Friedens und der Musik" (festival of peace and music).

72 Mark Eintritt

Das so propagierte kommerzielle Festival wurde nun auf seinen Profit ausgerichtet. Um das Gelände herum wurde ein massiver Zaun gezogen, durch den zwei Einlässe mit jeweils dreißig gesicherten Durchgängen führten. In New York bestellten die Veranstalter 346 Polizisten zum Tagespreis von je 50 Dollar (die dann allerdings ausblieben und durch andere ersetzt wurden). „Woodstock Venture" rechnete mit 60 000 zahlenden Besuchern.

Bereits im Vorverkauf waren 186 000 Einzelkarten (nicht nur Sammeltickets) verkauft. Die Käufer zahl-

Woodstock-Festival 1969

ten pro Tag 20 Mark, für drei Tage 72 Mark. Allein durch den Vorverkauf nahmen die Veranstalter 5,2 Millionen Mark ein.

Dann aber sah es so aus, als wenn sie dennoch Geld verlören. Einer der vier trat am zweiten Tag an das Mikrofon und verkündete: „Von jetzt an ist das Woodstock-Festival ein freies Festival." Aus der Not hatten sie eine Publicity-Tugend gemacht. Schon längst waren sie nicht mehr in der Lage gewesen, des Besucheransturms Herr zu werden und gar Karten zu verkaufen oder zu kontrollieren.

Die Parole des Gratisfestivals machte sich gut. Denn sie verschwieg, daß die Zehntausende von Besuchern im nachhinein den Managern als Statisten für ihr ganz großes Geschäft dienten. Für das Geschäft mit dem Mythos.

Eine Million auf der Reise

Innerhalb weniger Stunden hatte sich das Festival zur drittgrößten Stadt im Bundesstaat New York verwandelt.

Zu den 2 366 Einwohnern von Bethel hatten sich etwa 400 000 junge Amerikaner gesellt. Gouverneur Rockefeller überlegte, ob man das Gebiet um das Festival zum Notstandsgebiet erklären müsse. (...)

Drei Menschen starben. Die sanitären und medizinischen Einrichtungen hätten kaum für 60 000 gereicht. Nun mußten dreißig Ärzte per Hubschrauber aus New York eingeflogen werden, um wenigstens die schlimmste Not abzuwenden. Die etwa 400 Opfer schlechter Trips wurden von den 100 Helfern der Hog Farm geduldig versorgt. Die Hog Farm hatte auch

ein wenig braunen Reis im Vorrat und ernährte einige wenige von den Tausenden, die hungerten. Lebensmittel- und Wasserversorgung waren zusammengebrochen. (...)

Als dann Sturm und Regen losbrachen, konnten die Fest-Besucher nur noch stoisch ausharren. Sie verhielten sich ruhig und verhinderten die nahe Katastrophe.

Die meisten erinnerten sich später an diese Not – ganz im Gegensatz zu den Berichten der Medien. Ein bescheidener Trost war für viele, daß sie zum erstenmal unbeaufsichtigt mit vielen Gleichaltrigen und Gleichgesinnten tun und lassen durften, was ihnen sonst verboten war: zu lieben, zu haschen, nicht normiert zu leben. (...)

Die Verwertung des Festivals begann mit der Produktion von Woodstock-Andenken und dem Verkauf eines Fotobuches, von Hemden, Jacken und Wagenfähnchen mit dem Motiv der Woodstock-Taube.

Dann aber folgte der richtige große Boom des Woodstock-Geschäfts. Eine Dreiplattenkassette (und später eine weitere Kassette) und der dreistündige Woodstock-Dokumentarfilm wurden herausgebracht. Die Kassette verkaufte sich so gut, daß sie in die LP-Hitparaden kletterte; der Film wurde monatelang in den Kinos gespielt, obwohl man für den Besuch beträchtlich erhöhte Eintrittspreise bezahlen mußte. (...)

Der Mythos Woodstock wuchs in den folgenden Monaten durch die Katastrophen zahlreicher anderer Festivals, beispielsweise als die Rolling Stones wenige Wochen später in Altamont ihr Mord & Profit-Fest feierten.

Auch dieses Ereignis wurde stilisiert, zum Gegenfestival. Man sprach vom „schwärzesten Tag in der Geschichte des Rock and Roll" (so die Werbung für den deutschen Altamont-Report „Let it bleed"). Das Ereignis wurde isoliert und als ein Unglücksfall, als der schwarze unter den sonnigen Tagen, beschrieben. Es steigerte den Gesamtwert des Mythos.

Rolf-Ulrich Kaiser:
Rock-Zeit.
Stars, Geschäfte und Geschichte
der neuen Pop-Musik
(1971)

Fehmarn 1970

Das Pop-Festival auf der Ostseeinsel Fehmarn am 4., 5. und 6. September 1970 sollte nach dem erklärten Willen der Veranstalter ein Festival der Superlative werden. Die schönen Worte „love and peace" lieferten das Motto und wiesen, auf Pappschilder gemalt, den Zehntausenden von Pop-Fans den Weg über die Inselsträßchen bis zu der Kreuzung, wo die Polizei den einzigen Weg zum Festival-Gelände abgesperrt hatte und jeden, der sich nicht irgendwie als privilegiert ausweisen konnte, zum Verlassen seines Fahrzeugs zwang. Von da an war es mit love and peace zu Ende.

Von dieser Kreuzung aus ging es schätzungsweise fünf bis sechs Kilometer zu Fuß weiter, wobei die Besucher sechs oder sieben oder acht Kartenkontrollen zu passieren hatten, ehe sie das mit übermannshohem Maschendraht eingezäunte KZ, Festival-Gelände genannt, erreichten. Die Kontrolle der Eintrittskarten oblag

Hamburger Rockern, Ordner genannt, die, angetrunken und größtenteils mit Schlagstöcken bewaffnet, den Terror ausübten, der hier Ordnung hieß. Wer nicht gleich kuschte und sich besonderer an Unterwürfigkeit grenzender Freundlichkeit befleißigte, kriegte sofort eins in die Fresse. (...)

Von den großartigen Versprechungen der Veranstalter, die tadellose Organisation betreffend, blieb, die Kontrolle der Eintrittskarten ausgenommen, wenig übrig. Man war nicht auf das in dieser Jahreszeit mögliche schlechte Wetter vorbereitet (trotz einer angeblich vorher eingeholten Wetterprognose). Die angekündigten Übernachtungsgelegenheiten bestanden aus flatternden Zeltplanen, die von den Rockern und sonstigen Ordnern für sich mit Beschlag belegt worden waren. Die Festival-Wiese, auf der Zehntausende in Zelten oder bloß in Schlafsäcken und Decken kampierten, verwandelte sich beim ersten Regenguß in einen Sumpf. Die versprochene Beleuchtungsanlage war nicht vorhanden oder zumindest nicht in Betrieb, so daß man bei jedem zweiten Schritt über eine Zeltleine, über den ausgelegten Stacheldraht oder in ein Sumpfloch stolperte. Das versprochene Pressezentrum mit Telefon und Fernschreiber war ein leeres Zelt, das angeblich schon am Abend vor dem ersten Veranstaltungstag von den Rockern ausgeräumt worden war.

Und die Musik? Am ersten Tag war es so, daß zwar pünktlich gegen 16 Uhr angefangen wurde. Doch der sturmähnliche Wind stand genau auf die Bühne, und wer weiter als 50 Meter von ihr entfernt war (und das waren die meisten), bekam trotz des ausgezeichneten Sound-Systems höchstens gelegentliche Musikfetzen zu hören.

Dafür konnten die Organisatoren nicht, und sie hatten auch eine glänzende Lösung für das Problem aller Pop-Festivals, die langen Umbauzeiten zwischen den verschiedenen Auftritten, gefunden. Sie hatten nämlich eine Drehbühne installiert, so daß die Anlage der nächsten Gruppe bereits aufgebaut werden konnte, während die erste noch spielte. Das aber nützte nicht allzu viel, da die Gruppen nicht zur Stelle waren. (...)

Das Wunder dieser Tage aber war, angesichts der nahezu chaotischen Organisation, das Publikum, das sich all dies so gut wie widerspruchslos gefallen ließ. Sie hatten 35 Mark bezahlt, waren damit restlos übers Ohr gehauen worden und glaubten immer noch an love and peace. Die Veranstalter, die vielleicht das Beste gewollt hatten, waren von der Wirklichkeit hoffnungslos überfordert und saßen verängstigt in ihrem Wohnwagen hinter der Bühne. Ohne Grund. Denn niemand dachte daran, ihnen etwas zu tun. Wie hatten sie noch vorher getönt? „Klar: Woodstock bleibt Woodstock. Aber Fehmarn wird Fehmarn. Klar!" Klar! Der Slogan bestätigte sich. Nur anders, als er gemeint war.

Helmut Salzinger:
Rock Power oder
Wie musikalisch ist die Revolution?
(1982)

Frauen im Rock

Der Weg der Frauen in der Rockmusik ist mit Hindernissen gepflastert. Nur wenige von ihnen konnten die Tabus und Rollenklischees dieser männerorientierten Rockwelt brechen. Der Preis war nicht selten hoch und der Erfolg spärlich gesät.

Janis Joplin während ihres Auftritts in Woodstock 1969

Janis Joplin

Chester Helms, geboren 1943 in Austin, Texas, gehörte zu den Initiatoren der Hippiebewegung in der Haight-Ashbury. Er kam 1964 als Student nach San Francisco, Mitte 1966 kaufte er für seine Veranstaltungen den Avalon Ballroom, neben Bill Grahams Fillmore Auditorium der wichtigste Konzentrationspunkt der Hippiekultur. Im gleichen Jahr holte er auch seine ehemalige Kommilitonin Janis Joplin – er hatte mit ihr gemeinsam die University of Texas in Austin besucht – nach San Francisco, brachte sie mit Big Brother and the Holding Company zusammen und übernahm das Management. Mit Janis Joplin verband ihn jedoch mehr als das. Beide lebten damals zusammen, bis Ende 1967, dann ging die Beziehung zu Bruch. Um die geschäftliche Vertretung von Janis Joplin kümmerte sich fortan Dylan-Manager Albert Grossman.

CHESTER HELMS: (...) Sie hatte einen ausgesprochen selbstzerstörerischen Zug. Ihr wurde vier- oder fünfmal ein Plattenvertrag angeboten, und bevor es zum Abschluß kam, passierte irgend etwas Dummes. Sie legte sich auf der Straße mit jemandem an und wurde zusammengeschlagen, so daß sie im Krankenhaus lag, statt den Vertrag zu unterschreiben. Immer irgendwelche Dinge der Art.

PW: *Woher rührte dieser selbstzerstörerische Zug?*

CHESTER HELMS: Ich glaube, das hatte mit der damaligen Stellung der Frau und der überaus restriktiven und konservativen Atmosphäre in Texas zu tun. Janis war sehr sensibel, sehr verletzbar. Sie baute einen Schutzpanzer um sich herum auf mit der Art, wie sie sich gab, und dabei hat sie sich ständig selbst vergewaltigt.

Zum Beispiel ist sie eine sehr gute Studentin gewesen; sie hatte Geschichte studiert, war überaus belesen und intelligent. Aber um das festzustellen, mußte man sie schon sehr gut kennen. Öffentlich gab sie sich vulgär bis zum Gehtnichtmehr, hatte eine Schnauze wie ein Seemann. Sie fühlte wohl, daß sie sich anders nicht behaupten konnte. Damit aber verletzte sie das Klischee von Frau, wie es zu jener Zeit noch allgemein verbreitet war, und das wurde nicht akzeptiert.

Sie hatte mal ein Angebot von irgendeiner der großen Plattenfirmen. Die verzichteten dann aber, weil sie zu den Vorgesprächen in Jeans gekommen war. Frauen in Hosen sind keine Frauen, so sah man das damals, sondern Unwesen, und das glaubte man nicht verkaufen zu können. Je stärker sie diese Art Diskriminierung spürte, desto überzogener reagierte sie, desto vulgärer, provokanter und aggressiver trat sie auf. Und genau das hat sie zerstört. Sie war viel zu sensibel, um diese Rolle wirklich durchhalten zu können, obwohl sie sie teils selbst provozierte.

Nachdem sie ein paar Monate hier in San Francisco lebte, wurde das schon so schlimm, daß wir Angst um sie bekamen. Wir sammelten auf einer Party Geld für sie, um sie in ein Flugzeug setzen und für eine Weile zu ihren Eltern nach Texas schicken zu können. Als sie zurückkam, brachte ich sie dann mit Big Brother and the Holding Company zusammen. Die hatten schon lange nach einem geeigneten Sänger gesucht. Trotzdem wollten sie Janis zuerst nicht. Sie sagten, daß sie zu merkwürdig sei, daß es mit ihr nicht ginge. Als sie aber nach ein paar Wochen immer noch niemand hatten, willigten sie ein, es wenigstens zu versuchen.

Es lief sehr gut, und damit setzte dann der Druck von außen ein. Die Leute von der Musikindustrie kamen, versuchten Janis zu überreden, doch mit dem oder dem zu spielen, das oder jenes zu machen. Ihr wurde eine Unmenge Geld geboten, im wesentlichen dafür, die Band zu verlassen und mit anderen zu produzieren. Die Band kam dann zu mir und machte mich dafür verantwortlich, weil es mir noch nicht gelungen war, ihnen einen Plattenvertrag mit Janis zu verschaffen. Ich fand das allerdings auch nicht so furchtbar wichtig. Aber als die Plattenfirmen begannen, Janis hinterherzulaufen, war es wohl nicht mehr zu verhindern. (…)

PW: *Du kanntest sie sehr gut; was glaubst du, war der Grund für ihre Verzweiflungstat zwei Jahre später?*

CHESTER HELMS: Nach unserer Trennung haben eine Menge Leute an ihr herumgezerrt, sie wurde dahin und dorthin gestoßen. Jeder wollte aus ihr irgend etwas machen. Zu sich selbst hat sie eigentlich erst am Ende gefunden, aber da war es wohl schon zu spät. „Mercedes Benz" und „Me and Bobby McGee" von ihrer letzten LP, „Pearl" – sie erschien erst nach ihrem Tod –, kommen der Art, wie sie sang, als ich sie zum ersten Mal hörte, am nächsten.

Ich glaube, sie ist mit den enormen Belastungen eines Superstars ebensowenig zurechtgekommen wie mit dem Identitätsproblem, das ihre

Karriere mit sich brachte. Sie terrorisierte alle und jeden und war doch zugleich wie ein Kind, mit einem großen Liebesbedürfnis. Sie wußte dann immer weniger, wer und was sie eigentlich war.

Es ist alles viel zu schnell gegangen. Sie kam aus Texas nach San Francisco mitten hinein in die Hippiebewegung. Sie begeisterte sich ungeheuer dafür und war darin die Glaubwürdigste von allen. Doch noch ehe sie sich selbst dessen bewußt geworden war, wurde sie unter den Händen von Grossman zum Superstar, hatte eine Funktion zu erfüllen, die mit ihren gerade erworbenen Idealen nichts mehr zu tun hatte. Da war nichts mehr von Gemeinschaft, Ehrlichkeit und Kreativität. Sie stieg aus dem Flugzeug auf die Bühne, nur noch eine Stimme, die sang. Der Mensch Janis Joplin interessierte dabei niemanden, auch nicht ihre Fans. Für die war sie allenfalls ein Bild, das sie sich an die Wand hängten, um ihre eigenen Träume darauf zu projizieren.

Daß auch Janis Träume hatte, wollte keiner sehen, denn die ließen sich nicht vermarkten. Das spürte sie, und daran ist sie verzweifelt. Ich habe sie kurz vor ihrem Tod noch einmal getroffen. Sie war physisch und psychisch am Ende. Als wir uns die Hand zum Abschied gaben, sagte sie, es würde für immer sein. Ich habe erst nicht verstanden, was sie damit meinte. Drei Wochen später erhielt ich die schreckliche Nachricht.

Peter Wicke:
Bigger than life
(1991)

Madonna

Madonna Louise Veronica Ciccone-Penn – so ihr richtiger Name – ist neben Bruce Springsteen, Michael Jackson und Prince einer jener Superstars der amerikanischen Popmusik, in denen die Mythen des Showgeschäfts eine Art Personifizierung erhalten haben. Ich will unbedingt herausfinden, was für ein Mensch dahintersteht, wie man zu dem wird, was Madonna heute ist.

1983 stieg sie kometengleich am Popmusik-Himmel auf. (…)

Was Madonna selbst „total performance" nennt, ist das beziehungsvolle Spiel mit den musikalischen und visuellen Symbolen der bunten Welt der Popkultur – sei es der nostalgiebeladene Sound der Teenageridole vom Beginn der sechziger Jahre, der in vielen ihrer Songs anklingt, sei es das lasziv-erotische Marilyn-Monroe-Image und die weiblichen Illustriertenklischees, die sie ungemein überzeugend zu parodieren vermag, oder auch der High-Tech-Glamour der Disco-Kultur. In nicht ganz drei Jahren ist so ein Weltstar aus ihr geworden und eine geschäftstüchtige Jungunternehmerin dazu, denn das Phänomen „Madonna" ist mit allem Drum und Dran von ihr selbst produziert, genauer: von der „Madonna Inc. Boy Toy", einer dreißigköpfigen Firma, die sie 1985 als ihre eigene Imagefabrik gründete. (…)

Man hatte mich zu einem Privatklub bestellt, von denen es in New York nicht wenige gibt. Zutritt haben nur Mitglieder, und die sind handverlesen, oder aber deren Gäste. Angemeldet war ich selbstverständlich

Madonna Superstar

wissen. Die Antwort darauf fällt ihr sichtlich nicht leicht – dies sei kein Job, in dem man allzugern zurückschaut. Doch die Kinderjahre mit der streng katholischen Erziehung und einem Übermaß an Pflichten, die ihr zufielen, als die Mutter sehr früh schon an Krebs starb, haben ihre Spuren hinterlassen. Ebenso der langgehegte Traum von einer Ballettkarriere. An der University of Michigan erhielt sie eine Ausbildung als Tänzerin, 1 1/2 Jahre lang, dann gab sie auf. Sie wollte in New York irgendwie schneller zum Ziel kommen und hatte Glück. Der schwarze Ballettstar und Choreograph Alvin Ailey suchte für seine renommierte Dance Company Nachwuchs. Lange hielt sie es freilich auch da nicht aus, und so gab sie den Traum vom Ballett schließlich auf. Es folgten Jahre, die sie selbst als die entscheidenden ansieht, in denen sie als eine Art professioneller Nachtschwärmer lebte, von nichts richtig und doch getrieben von dem Wunsch, aus sich etwas ganz Großes zu machen. Wie ein Schwamm nahm sie die fahlen Bäder des New Yorker Nachtlebens mit all den Hoffnungen, Illusionen und Träumereien der vielen kleinen Leute, die hier den Schein von Freiheit suchen, in sich auf. Sie lernte da ein bißchen Schlagzeug, hier ein bißchen Keyboardspiel, zog mit einer Band namens Breakfast Club über ein Jahr durch die Klubs im Village und begann schließlich zu singen. Zwischendurch baute sie sich vor den Kameras dubioser Fotografen auf, wenn das Geld nicht einmal mehr für den Morgenkaffee reichen wollte. Selbst als Klubbesitzerin hat sie sich versucht. Sie ging mit ihren Demoaufnahmen in

nicht. Nach langem Hin und Her und dem mehrfachen Verweis auf meine Verabredung fand ich schließlich Gnade und damit Einlaß. Über die Preisklasse hatte ich mich freilich nicht im mindesten getäuscht.

Als Madonna dann schließlich mit einer guten Stunde Verspätung gegen drei Uhr morgens tatsächlich kam, hätte ich sie beinahe noch übersehen. Sie ist nicht nur auffallend klein, sondern im Privatleben offensichtlich von einer sympathischen Normalität, die so gar nicht meinen Erwartungen entsprach. Ihre Bodyguards, zwei Kerle im Schrankformat, nahm mir dann erst einmal Kamera und Tonbandgerät ab. (...)

Was sie in ihrer Entwicklung am meisten geprägt habe, möchte ich den Diskotheken hausieren, die den einen oder anderen Song gelegentlich auch spielten. Und dann geriet sie schließlich an Steve Bray von Sire Records.

So ist eigentlich nichts Besonderes an ihrem Weg. Wie sie sind Hunderte, die dasselbe wollen. Glück, sagt sie, sei der Unterschied zwischen diesen und ihr. Doch mir scheint, was sie von jenen unterscheidet, ist vor allem die Besessenheit, mit der sie ihre Chance ergriff und nutzte. Und sie wußte genau, was sie wollte. Keinen geringeren nämlich als Michael-Jackson-Manager Freddy DeMann engagierte sie, um sich die Karriere aufbauen zu lassen, die sie haben wollte. Er war dann auch ihr eigentlicher Lehrmeister, gab ihr jene Tips, die sie brauchte, um aus ihren Talenten das zu machen, was sie heute ist. Mehrfach schon war mir aufgefallen, daß eine unbeirrbare Konsequenz wohl Grundvoraussetzung jeden Erfolgs hier ist.

Peter Wicke:
Bigger than life
(1991)

Liz Phair

Die 26jährige Songwriterin aus bestem Chicagoer Elternhaus wird seit Mitte 1993 als erster postfeministischer Popstar gehandelt. Mit großem Erfolg!

In dem Albumtitel „Exile In Guyville" hat sie die Metapher folgerichtig zu einem Synonym zum überall grassierenden Sexismus erweitert, und den gibt es nun einmal auch in Indie-Land, Amerika. „ ‚Guyville' bezeichnet

in meiner Sprache einen Geisteszustand, der zerstört werden muß", hat Liz Phair einmal gesagt. „Er steht für ein Konzept, das die Mentalität einer 500-Einwohner-Stadt in Kentucky, der Indie-Szene in Wicker Park, der Männerwelt an sich und meine Isolation in jedem Ort umfaßt, wo ich bisher gewohnt habe, von Cincinnati bis Winnetka." (…)

Bevor ich in die Stadt kam, um dich und ein paar andere Bands zu treffen, war mir schon klar, daß Liz Phair eine ziemlich große Nummer ist, aber so absurd hatte ich mir das alles nicht vorgestellt. Hast du irgendeine Erklärung für das riesige Interesse?

LIZ PHAIR: (…) Wahrscheinlich sind es die Texte, die sprechen ja ziemlich persönliche Dinge an. Die Leute sind dankbar, wenn sie das Gefühl haben, daß da jemand Emotionen ausdrückt, über die sie eine Verbindung zum Interpreten aufnehmen können. Er wird ein Teil ihres Lebens, mit dem man das eine oder andere gemeinsam hat.

Findest du den Gedanken unangenehm, ein Bestandteil im Leben deiner Hörer zu sein?

LIZ PHAIR: Ich mache mir da nichts vor. Wenn sich Leute mit dir und deinen Erfahrungen identifizieren, hat das immer eine Menge mit Projektionen zu tun. Im schlimmsten Fall wollen sie dein Leben für sich vereinnahmen, und dann ist es meine Aufgabe, einen klaren Trennstrich zwischen mir und den Ansprüchen der Außenwelt an meine Person zu ziehen. Andererseits ist es ja gerade die Aufgabe meiner Lieder, eine Erfahrung mit meinen Zuhörern zu teilen, auch wenn das manchmal ziemlich

Liz Phair

zuletzt bei Rappern wie den Geto Boys
liegt, die damit ...
LIZ PHAIR: ... bestimmte Vorstellungen von Hierarchie festschreiben
wollen. Ja, dieses Monopol wollte
ich ein bißchen aufbrechen. Wer sich
ausspricht, hat immer auch Anteil an
der Macht.
*Bereitet es dir Schwierigkeiten, deine
Texte in der Öffentlichkeit zu singen?*
LIZ PHAIR: Am Anfang, als ich die
ersten Male auftrat, das war brutal.
Ich meine, diese Songs sind wirklich
sehr persönlich, und das alles nach
außen zu kehren, dieser Gedanke hat
mir vor jedem Auftritt eine Woche
lang schlaflose Nächte bereitet. Wenn
ich dann alleine auf der Bühne stand,
nur mit meiner Gitarre, wurde mir erst
richtig klar, daß nur ich für all das ein-
stehen kann, was ich da singe. Keine
Chance, dem Druck, der vom Publikum ausgeht, zu entkommen. (...)
*Hast du Angst, daß sich der ganze Hype,
der um deine Person gemacht worden ist,
irgendwann gegen dich wenden wird?*
LIZ PHAIR: Die Wahrscheinlichkeit
wird von Tag zu Tag größer. Aber
wenn man zu oft darüber nachdenkt,
kann das einen paranoid machen.
Andererseits: Solange ich mich keinen
Illusionen hingebe, kann ich auf mögliche Entwicklungen schon im Vorfeld
reagieren. Man darf nie passiv werden.
Täter wittern sofort, wie sich jemand
als Opfer anbietet. Und diese Rolle
will ich um keinen Preis annehmen.
Wie gesagt: Ich bin sehr gut darin,
die Aufmerksamkeit anderer Leute zu
erregen.

schwierig ist. Ich will die Leute, vor
allem auch Frauen, dazu ermutigen,
sich zu bestimmten Dingen klar zu
artikulieren. (...)
*Ich nehme an, daß die Explicitness deiner
Texte eine ziemlich wichtige Rolle spielt.
Zeilen wie „I'm gonna fuck you 'til your
dick is blue" wirken wahrscheinlich so
drastisch, weil sich noch nie eine Frau
getraut hat, so was auszusprechen,
obwohl es ihr bestimmt schon mal öfter
durch den Kopf geht ...*
LIZ PHAIR: ... genau, ich finde es
unglaublich, daß sich bisher kaum
eine Frau getraut hat, diese Sätze
öffentlich auszusprechen ...
*... während das Monopol auf Slackness
Lyrics bei Männern, und da nicht*

Christoph Gurk:
*Liz Phair. Nenn mich nicht Grrrl,
nenn mich nicht Suzanne Vega!*
(1994)

Die 70er Jahre

Die kreative Stagnation der rockenden Großverdiener fordert ihren Tribut. In die ausgelaugte Rockszene mischen sich neue Töne: Die Metaller mit ihren lautstarken Bühnenritualen, die Punker mit ihrer provokanten Anti-Professionalität, die Rastafaris mit ihren melodischen Erlösungshoffnungen ...

Die Wissenschaft hat festgestellt ...

Heavy Metal oder, nach seinem Oberbegriff, Hardrock ist nach landläufiger Einschätzung primitives und musikalisch nichtiges Dröhnen. (...)

Während Cream noch zu sehr in der Bluestradition wurzelt und Jimi Hendrix Experience zu sehr einen Sonderfall des psychedelischen Blues bildet, um als Vorbild angesehen werden zu können, verkörpert Led Zeppelin exemplarisch alle wichtigen Hardrock-Merkmale. Das szenisch Eingesetzte und dramaturgisch Durchdachte, das bereits die frühesten Konzerte des Quartetts kennzeichnete, erscheint noch einmal auf den ersten beiden, 1969 erschienenen

Die Scorpions aus Niedersachsen während eines Gastspiels 1993

Alben. Ihre ausgetüftelte Regie von schwingenden Klangmassen läßt sich auch heute noch mit Gewinn nachvollziehen, vorausgesetzt, man hört die Platten nicht gerade mit einem Kopfhörer: Der Zugang – bei Pink Floyd oder Dire Straits adäquat – wäre gänzlich unangemessen, da man grobe Umrisse nicht mit einer Lupe betrachtet. Heavy-Rock mit seinen Erschütterungen spricht schon hier den ganzen Körper an, vor allem die Bauchregion, und letztere Eigenschaft erklärt die vielgepriesene sexuelle Stimulation, die von ihm ausgeht. Der Schlagzeuger betont mit unerbittlich einförmiger Härte die Taktzeiten, und Jimmy Page, ein fähiger Gitarrist, setzt Musik ein, als wäre sie ein Mittel zur Schocktherapie. Sein Spiel kennt kaum Vorbereitungen und Übergänge; die Einsätze geschehen vielmehr plötzlich und mit voller Lautstärke. Er liebt es, im Duett mit dem Sänger den Klangvordergrund zu besetzen und in der Form von Rede und Antwort, in gegenseitiger Aufwiegelung, zu immer intensiverer Lautstärke und zu steigender Tonhöhe vorzudringen. Seine Gitarre singt sich nicht aus, sondern stachelt an, unterbricht sich grundlos und gießt sich über dem Hörer gerade dann in brausenden Kaskaden aus, wenn er es am wenigsten erwartet. Hardrock gibt sich hier als das zu erkennen, was er insgeheim ist: Eine Musik des ästhetisch verklärten Terrors, der sein Opfer mit der Seelenkenntnis des behandelnden Psychiaters immer wieder ins Schaudern zu versetzen weiß.

Tibor Kneif:
Hard 'n' Heavy
(1980)

Scorpions

Vor etlichen Jahren als „lausige Kopisten" ohne jedwedes Profil, arme „Bäckerburschen" aus der verträumten Provinz oder Krautrocker ohne eigenen Stil gehandelt, fuhren die glorreichen fünf längst im Eiltempo auf jener „Autobahn" des großen Erfolgs, die die computerhörigen Musiker von Kraftwerk einst so eindringlich wie sparsam besungen hatten.

Gelassen können die Hannoveraner auf Zahlen, begehrte Medaillen wie Silber, Gold, Platin und Doppel-Platin sowie weltweite Erfahrungen verweisen, gegen die sich die versammelten Anstrengungen der heimischen Konkurrenz im Ausland doch eher bescheiden bis mickrig ausnehmen.

Schon 1965, als die Beatles mit „Help" einen ihrer zahllosen Hits landeten, als die Stones mit „Satisfaction" einen Klassiker brachten und Dylan sein „Like A Rolling Stone" zur elektrischen Gitarre sang, gründete Rudolf als Sänger und Gitarrist seine Band, die Scorpions, in der niedersächsischen Kleinstadt Sarstedt.

Gegen den Wunsch seiner Mutter, die „unbedingt einen Beamten aus mir machen wollte", doch mit Unterstützung seines Vaters, der ihm die erste Gitarre und den ersten Vox-Verstärker kauft, gibt es für den siebzehnjährigen angehenden Starkstrom-Elektriker eigentlich nur ein Ziel. Musik als Full-time-Job, als Profi in einer Rockband nach englischen Vorbildern (Pretty Things, Yardbirds, Them und Animals). Ein ehrgeiziges Vorhaben inmitten einer an leichte Schlagerkost gewöhnten Provinz ohne Rock-'n'-Roll-Tradition.

„Als wir anfingen, waren unsere Vorbilder natürlich anglo-amerikanisch. Für mich war es, als ich Texte noch mit einem Wörterbuch schrieb, gar keine Frage, nun in Deutsch oder Englisch zu singen. Es war ein Feeling, das kannst du am besten im Englischen rüberbringen", kommentiert Klaus die damalige Entscheidung.

Viele werden diesen Schritt vor dem Hintergrund heutiger Triumphe in aller Welt für einen klug eingefädelten Schachzug halten. Doch das täuscht. Wer die einheimische Szene Anfang der siebziger Jahre aufmerksam verfolgte, mußte feststellen, daß die Band einen schweren Stand hatte und sich im eigenen Land, bei den Medien, nicht selten auf sandigem Boden bewegte. Zwar hatten z. B. Lucifers Friend bereits im Januar 1971 mit ihrem gleichnamigen Album eine vielbeachtete Kostprobe eines britisch eingefärbten Hardrocks gegeben; an der musikalischen Großwetterlage indes änderte sich wenig.

Vielmehr hatten Gruppen wie etwa Amon Düül II, Tangerine Dream, „die Wellenreiter der kosmischen Kuriere", wie Klaus sie scherzhaft nennt, oder Kraftwerk, die ihre kunstvollen Phantasien in meditative, elektronische Töne verpackten, damals Konjunktur und bestimmten auf ihre Weise das Bild des deutschen Rock. (…)

„Wenn ich in dem Zusammenhang nur an die Beatles denke, die in einem zweieinhalbminütigen Song mehr ausgedrückt haben als viele Gruppen nicht mal in einem dreistündigen Konzert, kann ich eigentlich nur noch mit den Ohren schlackern. Doch genau das ist die Kunst: Ein Song muß kompakt und perfekt, zugleich aber auch einfach sein.

Wir haben es uns nie leichtgemacht, wir sind vielmehr über Umwege und zahlreiche Hintertüren dahin gekommen, wo wir heute stehen.

Ich kenne Leute, die bei jeder Gelegenheit vorgeben, sie seien glücklicher gewesen, als sie weder Erfolg noch Geld hatten, das ist in meinen Augen töricht. Ich bin jetzt genauso zufrieden wie zu jener Zeit, als bei mir die Mäuse noch mit Schatten untern Augen aus dem Kühlschrank kamen", schlägt Rudolf Schenker eine Brücke zwischen Anfang und weltweitem Erfolg. (…)

Natürlich ist es nicht immer leicht, sich unbefangen und normal zu benehmen. Aber es ist trotz alledem möglich. Wenn man mit einer Mannschaft in der Größe eines mittelständischen Betriebs, nämlich 81 Leuten, unterwegs ist, kann man natürlich nicht ins nächstbeste Stadion marschieren, seine Instrumente auspacken, spielen und anschließend mit der Straßenbahn nach Hause fahren – so als sei quasi nichts geschehen.

Ein Unternehmen wie unseres gehorcht längst eigenen Gesetzen. Selbst wenn man, was fast unmöglich ist, jedem einzelnen Zuschauer oder Fan die Hand schütteln möchte – die Sicherheitsvorkehrungen lassen so was einfach nicht zu. Trotzdem bleiben wir, was wir sind: ganz normale Menschen."

Andreas Kraatz:
Scorpions
(1988)

Musik soll Spaß machen, nicht wie irgendeine Maschine sein ..., daraus haben wir uns nie etwas gemacht. Wir haben uns einen Dreck um Musik gekümmert; was macht es, wenn man ein paar Akkorde durcheinanderbringt? Großes Theater. Entscheidend ist doch, daß man es versucht, und das ist es, was zählt.

Johnny Rotten – Sex Pistols

Ich will so spielen, daß es ganz direkt bei den Leuten ankommt. Zum Zusehen soll es genauso heiß sein – ich will, daß es den Kids echt Spaß macht, wenn sie kommen und uns zuhörn. Wie die Band auf der Bühne rumfuhrwerkt und alles

das, und musikalisch soll es ganz klar und einfach sein, nicht psychedelisch und sanft, und das gibt den Jungs den nötigen Kick, das selber zu machen ... deshalb tauchen die ganzen jungen Gruppen auf ..., das ist kein schlechter Anfang. So wie ich erst seit 'nem Jahr Baß spiele. Und das gibt mir irgendwie ein gutes Gefühl, daß ich erst ein Jahr spiele, ich meine, die Kids kommen und gucken uns zu, und ich hab es irgendwie im Kopf, daß ich erst 'n Jahr spiele, und so 'n Kid sieht mir auf die Finger und kann es wie alle andern auch. Hauptsache, du hast Einfälle und die Kids können es selber machen.

Paul Simenon – The Clash

Die Punkband The Clash aus Großbritannien (1981)

Punk und Reggae

Don Letts ist Rastafarian und Reggae-Musiker. Don war aber auch Diskjockey im mittlerweile legendären Roxy-Club, in dem während der sog. „fabled 100 days" von Januar bis April 77 nahezu alle Gruppen auftraten, die heute eine Schlüsselrolle im Punk-Rock spielen. Mit einer 8-mm-Tonfilm-Kamera filmte Don während dieser 100 Tage Gruppen und Publikum; dieser dreistündige Film hat heute dokumentarischen Wert.

ROLF: *Don, es gibt derzeit zwei kontroverse Ansichten über Punk. Auf der einen Seite wird behauptet, daß die ganze Szene, die Musik, die Gruppen, die Mode und die Verhaltensweisen ein Produkt der Schallplatten- und Modeindustrie sowie der Medien sind. Auf der anderen Seite wird gesagt, Punk, das ist eine originäre Sache, die von den Jugendlichen selber kommt.*

DON: Du tätest besser dran, die Sache als eine originäre Bewegung zu sehen. In keiner Weise ist es von der Industrie künstlich hergestellt worden, im Gegenteil, die Industrie ist vom Punk völlig überrascht worden. Es hat in den Straßen angefangen, und dort überlebt es zur Zeit noch verdammt gut. Die Industrie muß sich auf den Punk-Rock einstellen, nicht der Punk auf die Industrie.

ROLF: *Stimmt es, daß die meisten Mitglieder der Punk-Rock-Gruppen, die zur Zeit existieren, Arbeiterjugendliche sind?*

DON: Es sind nicht alles Arbeiterjugendliche, nein, aber Jugendliche mit ähnlichen Problemen. Nicht das tun dürfen, wozu du Lust hast; es nicht dann tun zu können, wenn du

es willst; vorgeschrieben zu bekommen, was du sein sollst, wie du dich verhalten sollst. Es ist eine Rebellion gegen das bestehende System.

ROLF: *Glaubst du aber nicht, daß Punk vom System, vor allem von der Musikindustrie absorbiert wird?*

DON: Die Frage kann ich nicht beantworten. Ich weiß nur eins: im Vergleich zu früheren Sachen hält sich Punk, so wie es heute aussieht, verdammt gut. Die Musikindustrie hat die Bewegung noch nicht in den Griff bekommen.

ROLF: *Ich habe einen Artikel im Observer gelesen, wo du gesagt hast, Punk-Rock und Reggae, das ist im Prinzip dasselbe. Was meinst du damit?*

DON: Die Sache, um die es dabei geht, ist dieselbe. Die Gefühle hinsichtlich der Musik sind dieselben. Weißt du, den Typen steht alles bis hierhin, sie haben die Schnauze voll. Sie machen nicht mehr mit, und Musik ist ein klasse Medium, um so was rüberzubringen.

ROLF: *Gibt es Verbindungen zwischen Reggae-Leuten und Punks?*

DON: Ja klar. Ich weiß z. B., daß Bob Marley zur Zeit eine Platte macht, die Punky Reggae Party heißen soll, und auf der Platte legt er die Gründe und die Richtung klar und zeigt den Schwarzen, daß es beim Reggae und beim Punk um dieselbe Sache geht.

ROLF: *Meinst du nicht, daß Bob mit der Platte nur in die Punk-Welle einsteigt?*

DON: Nein, bestimmt nicht, ich kenne ihn persönlich. Er hat sich damit auseinandergesetzt und weiß, worum es geht. Immer wenn es verschiedene Minderheitenbewegungen gibt, und das herrschende System ist gegen sie, dann sollten die Leute,

Jugendlicher Punk in Berlin

die in diesen Bewegungen stecken, sich darüber klar sein, daß es um dieselbe Sache geht. Die Punks kämpfen für dieselbe Sache wie wir, weil wir auch eine Minderheit sind. Was die Regierung fürchtet, ist, daß sich die jungen Schwarzen verbünden und die jungen Weißen sich verbünden und daß sich schwarze und weiße Jugendliche verbünden. Es gibt nichts, was die Regierung mehr fürchtet, als eine einheitliche Bewegung gegen das herrschende System.

ROLF: *Was fürchtet die Regierung so?*

DON: Schwarze und Weiße. Daß sich Schwarze und Weiße verbünden. Daher verbietet sie auch die Musik. Jetzt gibt es ein Verbot, Punk-Rock im Radio zu senden, und ein solches Verbot hat es lange für den Reggae gegeben. Und ein Weg, wie das System funktioniert und wie es Entwicklungen

abwürgt, ist, den Punk- Rockern und den Schwarzen einzureden, sie seien Gegner, sie dann gegeneinander aufzuhetzen, damit sie sich gegenseitig bekämpfen. Erst dann, wenn Punks und Schwarze kapieren, daß sie auf derselben Seite stehen, gemeinsam gegen das Establishment arbeiten, dann kriegt das Establishment Ärger.

ROLF: *Und du glaubst, Punk-Rock ist ein Medium, um diese Verbindung herzustellen?*

DON: Drück es so aus: es ist der Anfang eines guten Mediums. Ob es wirklich diese Verbindung herstellt, weiß ich nicht. Aber man muß es versuchen.

ROLF: *Was hältst du von den angeblichen Straßenkämpfen zwischen Punks und Teds?*

DON: Das ist keine große Sache. Jede Jugendbewegung hatte eine gegnerische Gruppe, um ihre Aggressionen loszuwerden. Wie zwei gegnerische Fußballmannschaften. Skinheads und Pakistanis z. B. oder Mods und Rockers. Das ist keine ernste Angelegenheit, die Presse ist es, die daraus erst ein großes Ding macht.

ROLF: *Wo kommen die Punks her in London, aus welchen Wohngegenden?*

DON (ironisch): Nicht gerade viele aus den bürgerlichen Vierteln. Die meisten kommen aus den Slum-Gebieten, aus den Vierteln mit hoher Arbeitslosigkeit, wo die Jugendlichen auf der Straße liegen.

Interview mit Don Letts
vom 8. 9. 1977
Rolf Lindner (Hrsg.):
Punk Rock oder:
Der vermarktete Aufruhr
(1977)

Die 80er Jahre

The Beat Goes On. Anything Goes: Der Rock kennt keine Regeln mehr, keine Grenzen, keine Tabus und keine Utopien. Seifenopern und Reality-TV, Horrortrips und Comics.

Michael Jackson Gigastar

Michael Jackson ist kein Star. Schon vor Jahren wurde er zum Superstar befördert, inzwischen bezeichnen ihn die Medien als Megastar. Die Steigerung des Superlativs stammt aus der Sportberichterstattung. Und da die Jacksonschen Umsatzdimensionen alles bisher Dagewesene schlagen, dürfen wir getrost den Megalativ einführen: Michael Jackson ist ein Gigastar.

Seine Bewegungen sind nur scheinbar obszön – honni soit qui mal y pense –, das ganze roboterhafte Kunstgeschöpf wirkt so aseptisch, daß man den permanenten Griff an die Eier nur darauf zurückführt, daß er offensichtlich schlechtsitzende Unterhosen trägt und sich dauernd etwas zurechtrücken muß – was immer das sein mag.

Diese Geste wirkt um so aufgesetzter, weil seine Bewegungen ansonsten bis ins letzte ausgefeilt sind. Von kleinster Jugend an hat er kopiert, imitiert und persifliert, und jetzt ist er soweit, daß er das hat, was andere einen eigenen Stil nennen – ist er das wirklich? (…)

Bei Presley konnte man nur die Frisur oder die Kleidung bis hinunter zu den weißen Socken kopieren, nichts weiter. Seine Bewegungen kamen aus dem Bauch (oder – nach anderer Lehrmeinung – einen halben Stock tiefer), er hatte

Michael Jackson

nie gelernt, sich zu bewegen, er hatte nichts als ein Gefühl beim Singen, das sich in Bewegungen ausdrückte.

Jacksons Show – die sich bei genauerer Betrachtung als der gigantischste Video-Clip der bisherigen Geschichte erweist und in ihrer Monstrosität nicht nur Fans von den Socken haut, sondern auch distanzierte Kritiker faszinieren kann –, ist eine Absage an den Rock 'n' Roll: Die Individualität (und somit auch das Aufbegehren gegen normierte Gesellschaftsstrukturen) ist ausgetilgt, an ihre Stelle ist die Quantität meßbarer handwerklicher Präzision getreten. (…)

Rückblende im Film „Moonwalker" aus dem Jahr 1989: Eine Szene – inszeniert als Fernsehen im Fernsehen – zeigt den damals etwa Zwölfjährigen mit seinen vier Geschwistern. Die Jackson Five bringen den Miracles-Hit „Who's Lovin You?" Das kleine Frontmännchen Michael beweist balladeske Phrasierungskunst. Auch wenn er die Intensität des Bill „Smokey" Robinson nicht annähernd erreicht, wird eines klar: Michael Jackson konnte singen. Robinsons rauher Tenor klang so hoch wie ein Countertenor, Jacksons Stimme hatte die Unschuld eines für Domsingknaben oder Kastraten typischen Soprans. Noch heute bemüht er sich – auf der Suche nach ewiger Jugend? –, falsetthaft wenigstens die Höhe und den Klang des Alt beizubehalten. Vergleiche mit seinen heutigen eher eruptiven als phrasierten Songs zeigen, daß er nicht mehr ganz so gut singen kann wie früher.

Sänge Jackson heute noch, wäre seine Stimme wohl verwechselbar.

Was ihm den Schein der Eigentlichkeit verleiht, ist die Technik des Stakkatierens, die konsequente Art, sein Organ perkussiv einzusetzen. Auf vielen Einspielungen und auf der Bühne transportiert Jacksons Sprechgesang die synkopischen Akzente stärker als jedes Schlaginstrument: mal artikuliert er Worte kürzer als im Alltagssprachgebrauch, mal schleudert er eruptive Vokalriffs heraus, und immer wieder imitiert er den „Shouter" James Brown, allerdings nicht in dessen geni(t)alen Phrasierungen, sondern entschärft pubertär. Sein Kieksen und Glucksen klingt wie das eines Backfisches und sein Hoohoo wie das Gegreine eines Kleinkindes – von Elvis the Pelvis ist er so weit entfernt wie ein Einzeller von der geschlechtlichen Fortpflanzung.

Dieser Sehnsucht nach der ewigen Jugend – um nicht zu sagen, der ewigen Kindheit – entspricht die Geschichte seiner zahlreichen kosmetischen Operationen. Keine Falte ziert sein gebleichtes, mädchenhaftes Androgynengesicht; wohl aus Angst, die Narben seiner begradigten und verkleinerten Nase könnten zu sehen sein, scheut er das Licht der Öffentlichkeit und verbot beim Kölner Konzert Teleobjektive mit über 300 mm Brennweite; und so lebt er isoliert, zurückgezogen, zurückgeworfen auf sich selbst, dieser „man in the mirror", und erblickt im Spiegel das Bildnis des Dorian Gray.

Michael Rieth / Wolfgang Spindler: *Das Ding in den weißen Socken. Michael Jackson Gigastar oder: Der Rock ('n' Roll) im Zeitalter seiner technischen Reproduzierbarkeit* (1992)

Rave-o-lution

Rave ist die Entertainmentform der Zukunft! Früher oder später wird sich das auch in Europa durchsetzen und die langweiligen, veralteten Rockkonzerte wegblasen! Das ist unser Gefühl, seit wir die Acidszene entdeckt haben. Rockmusic's a goner, zweifellos. Raves sind so viel mehr Spaß und musikalisch besser als alles, was mal Disco war. Der Unterschied zu Disco von früher ist – abgesehen davon, daß die Musik heute einfach viel besser ist –, daß es andere Gründe sind, die die Leute dahin bringen. In die Disco ging man doch nur, um Frauen aufzureißen. Jetzt geht es darum, Gemeinsamkeit zu erleben, um eine gemeinsame soziale Erfahrung, ein Lebensgefühl. So gesehen sind unsere Wurzeln noch in den Sixties. Beim Rave geht es um die Kombination aus Drogen, Licht und Musik. Natürlich gibt es das eskapistische, hedonistische Moment. Aber entscheidend am Event ist das Gemeinsamkeitsding. Peace, Love, Unity, so was in der Art.

Colin McAngus – The Shamen

Raves machen glücklich

„Was ist schiefgelaufen zwischen 1985 und 87?" fragt mich McGee. „In den Mid-80ies war die Musik seltsam uninteressant."

In dieser Zeit war er selbst damit beschäftigt, die Musik populär zu machen, von der er heute nichts mehr wissen will. Aber es stimmt, daß das Jahr 87 ein Wendepunkt für den britischen (Pop-)Underground ist. „Glauben Sie, daß die Szene heute Ähnlichkeiten zu den 60er Jahren hat?" fragte „i-D" neulich, und Tony Wilson antwortete: „Yeah, drugs."

Ecstasy verbreitete sich ebenso schnell wie House-Music, und beides zusammen fand man auf halblegalen Raves. „Die Droge E verursachte, daß Weiße, die nie ein echtes Gefühl für Rhythmus hatten, zum ersten Mal wirklich tanzen konnten", erklärt Wilson weiter, der mit Factory und der Hacienda eine Schlüsselfigur für die Entwicklung der britischen Popmusik in den späten 80ern ist. (Factory ist übrigens das einzige Label, dem McGee Respekt zollt.)

Für die neuen Bands, die Charlatans, Inspiral Carpets, Paris Angels, Asia Fields etc., waren Raves die entscheidende Erfahrung. Raves machen glücklich: Menschen in Bewegung, Kleidung, Grooves, Drugs and Poppers, all das ist eben sehr viel aufregender als ein TV-Personalities-Konzert. Jazz, Reggae, Funk erlebten eine Renaissance durch die Clubs, und die Grooves der Clubs sickerten langsam in die Übungsräume.

Die Bands begannen, Casual-Klamotten zu tragen, es wurde ihnen wichtig, daß die Leute auf ihren Konzerten tanzen, daß ihre Musik in den Clubs gespielt wird und – sie sprechen nicht nur offen über ihren Drogenkonsum, sie schwärmen. Northside hatten in ihrem Sommerhit diesen hübschen Refrain: „Shall we take a trip? Than say LSD", und auf ihren Konzerten singen ihn glückliche Kinder. Jahrelang waren Drogen Privatsache gewesen, jetzt wurden sie massiv von Leuten wie Shaun Ryder propagiert, der damals seinen Manager anwies, mir ein paar Pillen zu überlassen, denn ich sollte wissen, wie es sich anfühlt.

Und was gab es denn wirklich an wichtiger, großer Musik in England zwischen 85 und 87? Vielleicht bin ich ungerecht, aber spontan fällt mir nicht viel ein. Jedenfalls hatte es sich irgendwann ausgeklampft (es gibt kaum etwas Reaktionäreres als Wedding-Present-Fans), und Kids entdeckten eine neue Musik für sich, und das war Dance. (...)

Don't blame it on the kids! Es kann ja wohl nicht sein, daß die britischen Teenagermassen spinnen, die dafür sorgen, daß die Dragons, Roses, Mondays und Primals in die Charts kommen. Ein Generationswechsel hat stattgefunden. Die Kinder, die mit Kylie Minogue und Soul II Soul großgeworden sind, deren Sozialisation heute auf Raves passiert, erinnert tatsächlich etwas an die hippieske Naivität der Bilder, die man aus „Zabriskie Point" und von Frauen-mit-Schlapphut-und-Sonnenblumen-Fotos kennt. Nur daß sie jünger sind und früher oder später auf Shaun Ryder treffen, der ihnen sagt „Do it! Experience it! Fuck it!" Oder Bobby Gillespie, der den alten Männern, die Punk live miterlebt haben und es heute mystifizieren wie unsere Väter die 68er, auf den Vorwurf, ein Neo-Hippie zu sein, entgegenhält: „What's hippyish about coming together? What's hippyish about making love?" Und isn't that, what it's all about?

Sebastian Zabel:
Children of the Rave-o-lution
(1990)

Guns N' Roses

Guns N' Roses, die für minderjährige Hardrock-Kundschaft zuständige Schmuddelband unter den Großverdienern der 90er, covern auf ihrem Album „The Spaghetti Incident" nicht nur Punk und Metal. Sie spielen als „hidden track" auch ein Stück von Charles Manson, das zunächst auf einem Raubdruck nach den Morden der „Manson Family" an Sharon Tate und sechs anderen Personen erschienen war. Fraglich ist jetzt, ob der inhaftierte Manson die volle Summe der Tantiemen erhalten wird.

Das 70er-Jahre-Revival, sinniert Slash von Guns N' Roses, das habe wirklich voll eingeschlagen – selbst wenn man alles nur Menschenmögliche unternommen habe, um es zu ignorieren. Aber wenn es jetzt ein Punk-Revival gebe, dann habe das mit der Sache von früher mit Ausnahme der Symbole und Klamotten nicht mehr viel zu tun: „Punk war eine Einstellung. Aus Sicht des Music-Busineß rebellierte der Punk gegen den abgefuckten, faulen Rockstar-Status. Aber als ein soziales Phänomen hat Punk doch viel mehr bewirkt, da hat er viel mehr weggeblasen als bloß die langweiligen Fürze. Ich finde, die Leute sollten endlich mal lernen, etwas mit sich selbst anzufangen, anstatt ständig über so einen Scheiß wie die Wiederbelebung des Punk nachzudenken!"

ME / SOUNDS: *Was ist deine Definition von Punk?*
SLASH: Punk ist Attitude, wegbrechen von der akzeptablen Norm, dein Zeug machen, egal wieviel Hindernisse dir in den Weg gelegt werden, von Dingen

zu reden, über die niemand reden sollte. Punk ist laut, reißt sich die Kleider vom Leib, all das. Punk ist so viele verschiedene Musikarten. The Who waren eine große Punkband. Gene Vincent. Sicherheitsnadeln und Frisuren und all der Scheiß sind unwichtig. Ich habe mich nie an Punk angepaßt, nie meine Frisur geändert, nicht einmal meine Lieblingsdrogen. Was mir an Punk so gefiel, war, daß sich Leute ehrlich ausdrückten, individuell waren.

Die LA Punk Szene war genauso scheiß-lahm wie LA Metal Szene. Und weißt du was? Guns haben sich nur gebildet, weil wir alle den gleichen Haß auf die Punk- und Metal Szene in LA hatten. Wir waren die einzigen fünf Jungs, die diese Band formen konnten, sonst gab es nichts. Wir paßten uns einfach nicht an.

ME / SOUNDS: *Das Charles Manson Cover „Look At Your Game Girl" ist keine Masche?*

SLASH: Nein, ist es nicht. Wir haben es auf dem Album vergraben.

ME / SOUNDS: *Vergraben hieße doch, es gar nicht aufzulegen.*

SLASH: Wir wollten keine Aufmerksamkeit damit erregen. Wenn du so fucked up bist, daß du noch sieben Sekunden dasitzt, nachdem die CD vorbei ist, sollst du es auch hören! Manson schrieb den Song ja gar nicht. Soviel wir wissen, schrieb ihn Dennis Wilson, der Beach Boy. Und selbst wenn er es gewesen wäre, dann wäre der schwarze Humor hinter der Idee, daß ein solcher Psychot ein solches Liebeslied schreibt … Mensch, das ist doch echtes Entertainment!
(…)

ME / SOUNDS: *War Manson wichtig für euch?*

SLASH: Er ist so fucking Hollywood! Er war das Zeichen für das Ende der sechziger Jahre. Plötzlich mußten alle aufwachen und merken, daß dieser ganze kleine Fantasy-Glücks-Trip gar nicht stattfand. Er war der perfekte Psycho seiner Zeit. Ich kann mich noch daran erinnern, wie meine Eltern darauf reagierten – ich war damals vier oder fünf und erinnere mich, wie heavy das alles war in dem Kreis der Leute, die ich kannte, dieser Art von Hollywood Music-Busineß Hippie-Szene.

Als dieser Song auftauchte, wußte Axl nicht mal Bescheid. Keiner von uns wußte was. Es war so eine Art Spiel ‚Wer war der Sänger?'. Axls Bruder Stuart hatte diese 14-Song-Kassette angeschleppt, und von allen Songs war das der einzige, mit dem Axl was anfangen konnte, weil er gerade durch den Scheiß mit seiner Ex-Freundin durchging. Als er endlich herausfand, von wem er war, machte das das Ganze noch schwärzer.

ME / SOUNDS: *Hat sich Manson bei euch gemeldet?*

SLASH: Er hat sich beschwert, weil wir keine Erlaubnis bei ihm einholten. So fuck him!

ME / SOUNDS: Hast du keine Angst, deine Band auf einen Verrückten aufmerksam zu machen, der gerne Stars, die ihm stinken, umlegen läßt?

SLASH: Na, eigentlich wollte ich das nicht. Ich kann das alles im Augenblick nicht so ernst nehmen – obwohl, wenn sich einige Verrückte vor meinem Haus zeigen würden …

Sylvie Simmons:
Yurassic Punk (1994)

Werbeplakat für Guns N' Roses

Die Toten Hosen 1993; links der Sänger
Campino

*Wenn ich heute in den Zeitungen lese:
„Punk kommt wieder …", dann muß ich
milde darüber lächeln. Nur weil ein
Modedesigner seine Models auf fetzig
trimmt und ruft: „Im Sommer trägt man
wieder Punk-Look!", und Guns N' Roses
ihre Vergangenheit mit einer verklärten
Punk-Erinnerung (was zum Teufel hat
„Nazareth" mit Punk zu tun?) bewäl-
tigen, werde ich noch nicht nervös. Jede
von den Medien vorhergesehene musikalische Revolution ist eine künstliche und
zum Scheitern verurteilt. Eine Bewegung
mit richtiger Power wurde von den
Medien bisher noch immer viel zu spät
erkannt und nicht zu früh … aber Gott
sei Dank entscheiden die Kids ja immer
noch selbst, wie es weitergeht. Jeder Generation ihre eigenen Helden, daran sollte
niemand rütteln. Ich selbst werde das
auch nicht tun, versprochen …*

Campino – Die Toten Hosen

Snoop Doggy Dogg

*Im Windschatten seines Mentors und
Produzenten Dr. Dre hat Snoop Doggy
Doggs Debüt „Doggy Style" Ende 1993
alle Vermarktungsgesetze im HipHop
auf die Spitze getrieben. Sollten die
Staatsanwälte in Los Angeles mit ihrer
Klage durchkommen, wird der Rapper
wegen eines Verbrechens in den Knast
gehen, das seinem Album den Authenti-
zitätsorden erster Klasse verliehen und
von Null auf Eins der US-Charts
gebracht hat.*

1993 war das Jahr, in dem „Gangsta
gleich Pop war" (Vibe). Gangsta steht
gemeinhin für die Musik (G-Funk),
vor allem aber für das Gangsta-Image
seiner Vertreter und ihrer Texte, die
das Gangleben stilisieren. Abzüglich
ihrer „gewaltverherrlichenden", sexi-
stischen und homophoben Inhalte,
kann man sie als gegen das System
weißer Vorherrschaft und Unterdrük-
kung gerichtet verstehen.

„Ein Gangsta ist jemand, der
Kontrolle über sein Leben hat", sagt
Snoop Doggy Dogg. (…)
*Dre hat mir eine interessante Definition
für das Prinzip „G-Thang" gegeben.
Er sagte, das „G" steht nicht nur für
„Gangsta", sondern auch für „Going
places".*
Yeah, alles, was du willst. Für mich
reicht es von „Ghetto Funk" bis
„Getting where you gotta get".
Was kommt nach dem Ghetto?
Erfolg. Und das Recht, ihn zu genie-
ßen. Das ist die nächste Ebene. Ich
weiß dafür noch kein Wort, doch ich
werde eins finden. (…)
*Nach dem Rappen in der Schule bist du
in Schwierigkeiten gekommen?*

Ja, ich wollte Geld machen. Meine Ausbildung war nicht gut genug, um in dieser Gesellschaft einen Job zu bekommen. So habe ich andere, illegale Wege gefunden, Geld zu machen. Es waren schlichtweg die einfachsten und schnellsten, an Geld zu kommen. Ich dachte, so funktioniert's und machte weiter damit. Dann bin ich verknackt worden und mußte 'ne Zeitlang drinbleiben. Das County Jail ist der reine Wahnsinn. Eine Menge Leute kommen da nicht mehr lebend heraus. Es soll eine Besserungsanstalt sein, doch wie kann man sich bessern, wenn du diesen motherfucker gar nicht überlebst. In einem Krankenhaus kannst du dich bessern, doch ein County Jail ist nichts als Gewalt.

Wie hat die Gang reagiert, als du wieder draußen warst?

Eine Menge Leute wollten nicht akzeptieren, daß ich aussteigen wollte. Dieser shit bedeutet auf der Straße einiges. Wenn du diesen Scheiß aufgibst, heißt das was. Es ist nicht einfach, weil es immer in deinem Herzen ist. Auch wenn du längst draußen bist, kommen sie immer noch mit ihrem Scheiß an. Wenn ich einen netten, kleinen Job gehabt hätte, der mir und meiner Familie helfen würde, wäre es vermutlich nie dazu gekommen. Aber diese 2-, 3-Dollar-die-Stunde-Jobs bringen es einfach nicht. Wenn ich mich beworben habe, haben diese motherfucker nie geantwortet. So gab ich auf und sagte fuck it, ich mache jetzt mein eigenes Geld. (…)

HipHop ist eine Kultur bzw. Kunstform die sich rasch wandelt. Gangster Rap hat eigentlich längst seinen Zenit überschritten. Meinst du nicht, da müßte mal was Neues kommen?

Willst du damit sagen, daß Country oder Rock oder Pop gehen müssen, nur weil es sie schon lange gibt? Es ist schlichtweg Musik, ganz egal, wie sie rüberkommt, und manchmal ändert sie sich eben und manchmal nicht.

So wirst du deinem Stil ewig treu bleiben?

Genau. Und es wird immer jemanden mit einem neuen Stil geben, den die Leute mögen. Genau wie mein shit gerade losgeht, weil er auf seine Art anders ist, und die Leute wollen wissen, was los ist.

Interessiert es die Leute, weil es die Realität reflektiert?

Yeah, weil sie die ganze Geschichte sehen wollen, nicht nur das, was die News bringen, sie wollen alles sehen. Es geht um alltägliche Straßensituationen, in denen es im Leben keine Alternativen gibt, als von anderen zu nehmen und mit diesem Leben leben zu müssen.

Wo wirst du in zehn Jahren stehen?

Ich plane, der Elvis des Rap zu werden, just chillin'.

Du meinst, du wirst dick und fett?

Nein, ich meine die Anerkennung haben, die er bekam. Er starb vor 20 Jahren und ist noch immer ein Thema. Seine Musik verkauft sich und wird noch überall gespielt. Diese Art Respekt schwebt mir vor. Sie mögen Witze über ihn machen, doch gleichzeitig ist er der anerkannteste Künstler der Welt.

Du schätzt ihn also?

Mein Gott, wir alle mögen ihn, he was dope!

Oliver von Felbert:
Fahrstuhl zum Schafott
(1994)

Die LP ist rund

Die Rock-'n'-Roll-Scheiben waren Singles. Erst Ende der 60er Jahre begannen die Musiker, Langspielplatten konzeptionell abzustimmen. Welche Rock-LPs die besten aller Zeiten sein mögen? ... Eine kleine Auswahl von Rockscheiben, die – jede auf ihre Weise – Rockgeschichte geschrieben haben.

Bob Dylan
Sub. Homesick Blues (1965)

Das war ein Zeter und Mordio, als es Dylan 1965 wagte, für sein fünftes Album die Gitarre stromologisch zu verstärken! Was wurde ihm nicht alles vorgeworfen wegen seines „going electric": Verrat an den Folknik-Idealen der Protestbewegung, Überlaufen zum Establishment-Feind, Ausverkauf an den schnöden Mammon. Dabei hatte Robert Zimmermann doch nur seine Gitarre an einen Verstärker angeschlossen. Dieser Wechsel vom Akustikfolk zum elektrifizierten Rock genügte allerdings, um aus der Leitfigur aller Bürgerrechtler und dem Herold der Sixties-Jugendkultur einen Buhmann zu machen. Gerade noch hatte ihn die Teenagerwelt mit „Hallelujah!"-Rufen gefeiert, und im nächsten Moment, als Subterranean Homesick Blues auf den Markt kam, erschallte urplötzlich ein galliges „Steiniget ihn!". Diese Schmährufe hielten jedoch nicht lange an. Bald schon waren Songs wie „Love Minus Zero", „Maggie's Farm" und „Outlaw Blues", die Bobby an die Steckdose angeschlossen hatte, weltweit akzeptiert und die wegweisende Bedeutung von „Bringing It All Back Home" (unter diesem Titel erschien das Album in den USA) allgemein anerkannt. Legionen nachwachsender Musikergenerationen folgten Dylan in Richtung Folkrock, und selbst heute wirkt die Initialzündung seines LP-Meilensteins noch in etlichen Epigonen-Werken fort. Aber wie gesagt: Im Erscheinungsjahr entfachte dieses Album einen Sturm der Entrüstung, und Dylans Aufbruch zu neuen Ufern (den er im Klassiker „Mr. Tambourine Man" metaphernreich besang) wurde von Folk-Puristen als arglistiger Betrug gewertet. Doch das ist lange her. Oder um mit dem Meister selbst zu sprechen: „It's All Over Now, Baby Blue."

Harald Kepler

Bob Dylan
Highway 61 Rev. (1965)

Ein Jahr nach Erscheinen der Platte sagte Dylan, er könne sich nicht vorstellen, jemals ein besseres Album als „Highway 61" zu machen. Die meisten Kritiker würden ihm da sicher heute noch zustimmen. Im Sommer '65 hatte Dylan alle Puristen beim Newport Folk Festival vor den Kopf gestoßen, als er die Butterfield Blues Band als Backing Band engagierte, und Butterfields Lead-Gitarrist Mike Bloomfield war auch bei den entspannten (aber inspirierten) Live-im-Studio-Sessions zu „Highway 61" dabei – einem Album, das zusammen mit dem nachfolgenden „Blonde On Blonde" die Rockmusik revolutioniert hat. Die Vorstellung, Rock könne als Vehikel für Texte mit literarischem Anspruch dienen, war damals völlig neu. Niemand jedoch konnte mit Worten so atemberaubend gut umgehen wie Dylan in dieser Periode. Er hatte das Image des Protestsängers an den Nagel gehängt, trieb sich mit Beat-Schriftstellern wie Allen Ginsberg und Michael McClure herum und schrieb wie Jack Kerouac in unreflektierten „Bewußtseinsströmen". Dylans Texte zu erklären wurde die Freizeitbeschäftigung für Heerscharen von Rock-Kritikern aus aller Herren Länder (Dylan ist also indirekt auch Begründer des Rock-Journalismus), und selbst heute, nach 28 Jahren, hat sich die Jury immer noch nicht darauf einigen können, was seine Songs nun eigentlich bedeuten. Dabei ist Dylans Bildersprache mit ihren surrealen Gegenüberstellungen oft ungeheuer komisch – „Highway 61" ist im Grunde ein großartiges „comedy album". Boshafte Komik in „Like A Rolling Stone", Slapstick-Humor auf „Tombstone Blues", beißender Spott in dem Titelstück, und selbst das düstere „Desolation Row" hat durchaus seine amüsanten Seiten.

Steve Lake

The Beatles
Sgt. Pepper's Lonely Hearts Club Band (1967)

Kaum ein anderes Pop-Album hat den Lauf der Musikgeschichte derart nachhaltig beeinflußt. Die Beatles waren nach ihrer „naiven Phase" und ersten progressiven Versuchen an ihrem künstlerischen Zenit angekommen. Daß die anspruchsvollen, teils surrealistischen Texte auf dem aufwendig gestalteten Cover abgedruckt wurden, galt ebenso als Novität, wie die Verschmelzung der 14 Songs zu einem inhaltlich geschlossenen Gesamtkunstwerk. Doch Abseits solcher allenfalls historisch interessanter Formalismen brillierte das Album mit einer bislang ungekannten klanglichen Vielfalt. Ob orchestrale Arrangements („A Day In The Life"), Dixieland-Feeling („When I'm Sixty-Four"), Collage-Technik („Good Morning, Good Morning") oder sphärisch überlagerte Keyboard-Spuren („Being For The Benefit Of Mr. Kite") – die Beatles und deren kongenialer Produzent George Martin hatten die bescheidenen studiotechnischen Möglichkeiten des Jahres 1967 bis zur Vollendung ausgereizt. In einer Zeit, als Pop-Alben mitunter binnen weniger Tage fertiggestellt wurden, galt die viermonatige Produktionszeit als astronomisch – die Beatles hatten das bis heute andauernde „Zeitalter der Studios" eingeläutet. Alte mußten sich der neuen Entwicklung anpassen: die Plattenfirmen mit ihren Produktions-Budgets, die Produzenten mit ihrem Geduldsfaden und die Musiker mit ihrem Spieltrieb. Auch die Vertreter der etablierten Klangkünste sowie ehemals Pop-feindliche Kritiker-Päpste der bürgerlichen Feuilletons kamen ins Grübeln: Vielleicht war Popmusik ja doch mehr als nur billige Unterhaltung für hysterische Teenager? Immerhin pries Klassik-Guru Leonard Bernstein „Sgt. Pepper" als „zeitgenössisches Kunstwerk". Woran auch der recht spleenige Gag einer mit Wortfetzen bespielten Auslaufrille nichts ändern konnte: „A splendid time", so die Fußnote auf der Cover-Rückseite, „is guaranteed for all." Stimmt.

Uwe Schleifenbaum

Cream
Disraeli Gears (1967)

Wie schon der Kritiker Richard Melzer seinerzeit sagte: „Was für ein gottverdammt gutes zweites Cream-Album." Bassist Jack Bruce erinnert sich: „Ginger und ich sahen Cream immer als improvisierende elektrische Jazzband, wir haben's bloß Eric nicht gesagt, das hätte ihn zu Tode erschreckt." Cream war für Clapton die größte musikalische Herausforderung seiner Karriere: Die körperliche Wucht von Ginger Bakers Schlagzeug und Jack Bruces wild-verwegene Baßlinien zwangen ihn, bis an die Grenzen seiner technischen Fähigkeiten zu gehen. Das brillante Ergebnis hat bis heute Bestand. Einige Stücke nahmen später auf der Bühne gigantische Proportionen an; die hier verewigten Prototypen pulsieren dagegen mit einer kaum gebändigten Kraft – man spürt, daß das enge Korsett des Songformats vor geballtem musikalischem Können schier aus den Nähten zu platzen droht. Anfänglich unterschied sich Creams Repertoire nicht sonderlich von dem der anderen „Blues Boom"-Bands (Fleetwood Mac usw.), doch 1967, als puristische Grundsätze unter dem Einfluß von LSD und Zeitgeist allmählich aufweichten, machte die Band eine radikale Wandlung durch: „Dance The Night Away" ist fast Folk-Rock à la Byrds mit 12saitiger Gitarre. Für viele Kritiker markiert das Riff-dominierte „Sunshine Of Your Love" den Beginn des Heavy Metal. Mit dieser Theorie konnte sich Jack Bruce nie anfreunden: „Alles, was im Hardrock gut ist, stammt von Cream und Hendrix, den ganzen Heavy-Metal-Blödsinn haben Led Zeppelin zu verantworten."

Steve Lake

The Doors (1967)

Die Aufnahmen für das Debüt-Album „The Doors" begannen am 6. September 1966. Ein Jahr später, unmittelbar nach der Veröffentlichung des Albums und dem furiosen Erfolg der zweiten Single „Light My Fire", waren die Doors die berühmteste aller amerikanischen Rockbands. Was war geschehen? Mitten in den brausenden Flower-Power-Rausch platzte die Platte einer Band, deren Musik eine dynamische Synthese aus Hardrock und Blues darstellte und deren Sänger Jim Morrison in seinen Texten dämonische Schreckens-, Todes- und Sex-Phantasien offen aussprach. Alles war stimmig: Dem Buch „The Doors Of Perception" (Die Pforten der Wahrnehmung) von Aldous Huxley verdankten die Doors ihren Namen, die erste Single „Break On Through" erzählte kaum verschlüsselt vom Versuch, mit Hilfe von Drogen die „Pforten der Wahrnehmung" weiter aufzustoßen. „Take It As It Comes" legte lakonisch Zeugnis ab von der Unabänderlichkeit des Schicksals, während „The End" elf Minuten lang das Ende „des Lachens und des leichten

Lebens" heraufbeschwörte. Mit dem Erscheinen dieses Albums war Woodstock eigentlich schon überholt, noch bevor es stattgefunden hatte. „The Doors" ist noch heute eine Platte wie ein dumpfer Paukenschlag, eine Platte, deren düstere Wucht und Kraft irritiert und doch unglaublich fasziniert.

Günther Fischer

Velvet Underground
The V. U. & Nico (1967)

Als Pop-art-Papst Andy Warhol der Gruppe Velvet Underground Mitte 1966 vorschlug, das deutschstämmige Fotomodell und Starlet Nico als Vokalistin in ihre Reihen aufzunehmen, stieß er damit zunächst nicht auf besonders viel Gegenliebe. Was Wunder: Christa Päffgen (a.k.a. Nico) war bis dahin auch nicht gerade mit gesanglichen Leistungen aufgefallen. Als Muse hatte sich die gebürtige Kölnerin in Warhols Multi-Media-„Factory" (also in dessen Kunstwerkstatt und Arbeitsloft) zwar einige Verdienste erworben, von einem Stimmwunder jedoch war weit und breit nichts zu verspüren. Dennoch,

nach einigen Überredungsversuchen, willigten Lou Reed & Co. letztlich ein und machten sich daran, die deutsche Diseuse mit der tiefen Sprechstimme in ihr Song-Programm zu integrieren. Und was kaum jemand vorher für möglich gehalten hatte: Nicos hingesäuselter Anti-Singsang paßte hervorragend zum Underground-Rock der Velvets. Titeln wie „Femme Fatale" oder auch „All Tomorrow's Parties" verlieh sie mit ihrem Alt-Geraune eine sinistre Schönheit. Leider war ihre Zusammenarbeit mit Lou Reed, John Cale, Maureen Tucker sowie Sterling Morrison nur von kurzer Dauer: Als im Frühjahr 1967 der gemeinsame Longplayer (der mit Andy Warhols phallischer Cover-Idee einer abziehbaren Bananenschale) endlich herauskam, war Nico längst wieder ausgestiegen. Doch die friedlich gestimmten Blumenkinder der Sixties konnten mit dem aggressiven Rock-Sound dieses Albums ohnehin nicht allzuviel anfangen. Die Flower-Power-Jugend empfand die bis an die Schmerzschwelle herangehenden Rückkopplungsklänge von Stücken wie „Heroin" und „I'm Waiting For The Man" als böswillige Attacke auf ihre Peace-Mentalität. Heutzutage ist die rockhistorische Wegweiser-Funktion dieser Schocker-Scheibe allerdings unbestritten: Velvet Underground genießen den Kultstatus weitsichtiger Vorreiter, deren stilprägender Einfluß bis in die Schrägtöner-Szenen der 90er hinein nachwirkt.

Harald Kepler

The Rolling Stones
Beggar's Banquet (1968)

Zurück zu den Wurzeln. Nach neurotischem Pop („Between The Buttons") und pseudo-psychedelischem Glöckchen-Gebimmel („Their Satanic Majesty's Request") entdecken die Stones erneut die zeitlose Kraft des Rock 'n' Roll – deftige Gitarren, klar strukturierte Songs und eine unprätentiöse Produktion geben die grobe Richtung für die nächsten 25 Jahre an. Dem Zeitgeist hält man dennoch die Treue: Mit „Street Fighting Man" kommentiert Jagger die politischen Unruhen von 1968, Songs wie „Parachute Woman" oder „Prodigal Son" liegen im Trend des damaligen Blues-Booms. Dennoch scheint alles echt, selbst Jaggers Working-Class-Attitüde („Factory Girl") gilt in der Prä-Jet-set-Ära als glaubwürdig. Ebenso, wenn er zu erdigem Bluesrock die Liebeskünste einer 14jährigen preist („Stray Cat Blues") oder um Nachsicht mit dem Leibhaftigen bittet („Sympathy For The Devil"). Die Stones stehen auf festem Blues-Boden, lediglich einer schwebt „irgendwo in der Stratosphäre", wie sich Keith Richards später erinnert: Brian Jones' Beitrag zu Beggar's Banquet reduziert sich nahezu auf um so beseelteres Slide-Spiel („No Expectations", „Salt Of The Earth"), ansonsten ist er für die konsequente Studioarbeit viel zu ausgeklinkt. Die Folge: Keith Richards übernimmt den Großteil der Gitarrenparts. Für „Sympathy" greift er sogar – wie in Jean Luc Godards dubiosem Spielfilm „One Plus One" dokumentiert – in die Baß-Saiten. Als die Stones ihren Cover-Vorschlag präsentieren (Foto einer Toilette samt Klosprüchen), wähnt die Plattenfirma Decca die Grenzen des guten Geschmacks in Gefahr – man einigt sich auf eine unverfänglichere Hülle.

Uwe Schleifenbaum

Jimi Hendrix Experience
Electric Ladyland (1968)

Hendrix' drittes reguläres Album enthält 72 Minuten brillante, mitreißende und ungeheuer kreative Musik. Herzstück ist ein fünfzehnminütiger Jam über „Voodoo Chile", aufgenommen in einem Take um vier Uhr morgens, mit Jefferson Airplanes Jack

Casady am Baß und Steve Winwood an der Orgel. Als „Electric Ladyland" veröffentlicht wurde, hielten viele Kritiker das für überflüssige Spielerei, aber in der heutigen Rockszene wird man vergeblich nach einer Band suchen, die auch nur annähernd in der Lage ist, soviel elementare Kraft und Intensität zu verbreiten. Auf „Electric Ladyland" entstand die beste Musik nicht in der gewohnten Trio-Besetzung. „1983" ist ein großflächiges Klanggemälde, an dem Hendrix, Mitchell und Toningenieur Eddie Kramer mitwirkten. Jimi spielt Baß und Gitarre und experimentiert auf der Suche nach neuen Sounds mit dem Studio-Equipment. Hier und da verwendet er Gitarren-Overdubs, um den Eindruck schnell spielender Streicher zu erwecken. Bassist Noel Redding fehlt auch auf der Dylan-Komposition „All Along The Watchtower", die Hendrix hier so überzeugend interpretiert, daß Dylan selbst fortan mit diesem Arrangement arbeitete. Daneben achtete Jimi sehr darauf, sich in der Tradition schwarzer Musik zu bewegen. Das Cover von Earl Kings frühem R & B-Hits „Come On" jedenfalls weist schon auf die nächste Station in Hendrix' Entwicklung hin: progressiver Soul mit der Band Of Gypsies. Drei Generationen nach seiner Entstehung wird „Electric Ladyland" immer noch mit Begeisterung nicht nur von hoffnungsvollen Nachwuchsgitarristen studiert. Das beste Rockalbum aller Zeiten? Eines der einflußreichsten ist es ganz sicher. Hendrix-Archivist Alan Douglas hat recht, wenn er sagt, daß „Jimis Musik auf die Zukunft wartet".

Steve Lake

Sly & The Family Stone
Stand! (1969)

Ist es stillschweigender (oder unbewußter) Rassismus, der dazu geführt hat, daß Sly & The Family Stone aus nahezu allen journalistischen Betrachtungen über den „San Francisco Sound" verbannt wurden? Während zu Bands wie Quicksilver, Moby Grape und Big Brother tonnenweise nostalgisch verbrämtes Pressematerial in den Archiven zu finden ist, wurde über die vorwiegend schwarze Band (Sly stand auf weiße Drummer) nur sehr wenig geschrieben, obwohl sie damals im Zentrum des Geschehens stand und – rein musikalisch gesehen – allen weißen Acid-Rockern die Show stahl. Sly kam als Junge aus Texas nach Kalifornien, studierte Musiktheorie und Komposition, arbeitete als DJ bei dem Radiosender KSOL und dokumentierte als Plattenproduzent eine ganze Reihe prä-psychedelischer Bands aus der Bay Area, darunter auch Grace Slicks Great Society. Wenig später gründete er mit der Family Stone eine Band, die sich über alle traditionellen Grenzen zwischen schwarzer und weißer Musik hinwegsetzte, alle nur denkbaren musikalischen Stile (Rock, Jazz, Funk, Gospel, Surf …) vermischte. Slys Texte waren geprägt von süchtig machendem Positivismus: „You Can Make It If You Try" war die zentrale Message. „Don't Call Me Nigger, Whitey", „Everyday People" und „Stand" machten sich allesamt, aus unterschiedlichen Perspektiven, über die Absurdität der Rassentrennung lustig (…). „Stand!" enthält außerdem einen ausgedehnten, feurigen Jam über „Sex Machine". Höhepunkt ist der Song, mit dem die Family Stone auf dem Woodstock Festival abräumte: „(I Want To Take You) Higher", ein hypnotisch-rituelles Rock/Funk-Stück, in dem uns Slys emotionale Vocals dorthin zurückführen, wo er einst sein Handwerk lernte – „The Church of God in Christ" in Dallas, in der es zum Schluß des Musik-Gottesdienstes kein Mitglied der Gemeinde mehr auf dem Sitz hält. Musik als reinigende, befreiende Kraft.

Steve Lake

Captain Beefheart
Trout Mask Replica (1970)

So ungern man als öder Nostalgiker dastehen möchte – es ist nun mal nicht zu leugnen, daß Rockmusik in den sechziger Jahren viel interessanter war als heute. Die Diktatur des Musik-Videos lag noch in weiter Ferne, und die Talent-Scouts der Plattenfirmen waren auf der Suche nach Bands, die anders klangen (im Gegensatz zu ihren heutigen Kollegen, die das Neue scheuen wie der Teufel das Weihwasser). Don Van Vliet alias Captain Beefheart stand jedoch selbst nach den Normen der damaligen Zeit allein auf weiter Flur, und „Trout Mask Replica", produziert von seinem alten Schulfreund Frank Zappa, war so schräg, wie eine Platte überhaupt nur sein kann. Über einen Zeitraum von drei Jahren hatte Don und seine Magic Band das eher konservative Blues-Rock-Format von „Safe As Milk" zu neuen Ufern geführt: Delta-Blues, hier mit stolpernden Stop-and-Go-Rhythmen unterlegt, war immer noch Teil der Mixtur, wurde aber großzügig angereichert mit einer Art primitivem Free-Jazz und (nicht immer so ganz richtig verstandenen) Konzepten aus der Neuen Musik des 20. Jahrhunderts, das Ganze garniert mit Beefhearts surrealen Texten. Daß die Vocals mitunter sehr merkwürdig zwischen den Rhythmen sitzen, ist darauf zurückzuführen, daß Beefheart sich weigerte, bei den Aufnahmen Kopfhörer aufzusetzen. Zappa: „Er zog es vor, mitten im Studio zu stehen und so laut zu singen, wie er nur konnte – er sang einfach zu dem, was so an Geräuschen durch die drei Glasscheiben drang, die ihn vom Kontrollraum trennten. Die Chancen, daß er synchron mit der Instrumentalspur blieb, waren gleich null." Vielleicht ist das letztlich auch nicht so wichtig. Was zählt ist, daß der radikale Free-Rock auf „Trout Mask Replica" seinen eigenen Regeln niemals untreu wird und selbst heute immer noch für Überraschungen sorgt.

Steve Lake

David Bowie
Ziggy Stardust (1972)

Zu Beginn der 70er Jahre zählte er noch zu den Vertretern der Glitter- und-Glamour-Gattung. Doch '72 sagte David Bowie dem Deko-Rock adieu. Er ließ sich die langen Haar- strähnen stutzen und von blond auf orangerot färben, schlüpfte in phanta- sievolle Science-fiction-Kostüme und mimte fortan das Zwittergeschöpf von einem fremden Stern: Ziggy Stardust war geboren. Inspiriert von Stanley Kubricks Zukunfts-Kultfilm „2001: A Space Odyssey" schuf Bowie einen galaktischen Superman, der – so besagt es die Legende – kurz vor dem Untergang der Erde zur Rettung der Menschheit auf unseren Planeten geschickt wird, hier zum Rock-Hero

aufsteigt und schließlich an den grausamen Spielregeln des Showbiz kaputtgeht. „The Rise And Fall Of Ziggy Stardust And The Spiders From Mars", so der sperrige Titel in voller Länge, bescherte als LP-Rahmen- programm zu dieser Weltraum-Story David Robert Jones alias David Bowie den Durchbruch zum umjubelten Mega-Idol, die Auskopplung „Star- man" gab den Startschuß für eine ellenlange Singles-Hitserie. Keine Frage: „La Bowie" befand sich damals auf dem Höhepunkt seines/ihres Schaffens, und „Ziggy Stardust" ist aus heutiger Sicht neben „Heroes" (siehe Platz 38) die wichtigste Platte im Gesamtwerk des Briten. Zu harschen Rock-Riffs seiner famosen Begleit- Band The Spiders From Mars (Trevor Bolder, Mick Woodmansey und Mick Ronson) schlüpfte Bowie damals in die Rolle des kosmischen Hermaphro- diten und besang mit brüchig-hysteri- scher Stimme „Lady Stardust", die „Suffragette City" und den „Rock 'n' Roll Suicide". In diesen futuristischen Songs konnte der Mimikry-Meister der tausend Gesichter und Verkleidun- gen seine Verwandlungskunst voll aus- spielen. Bowie nutzte die Figur des Ziggy, um Phantasien auszuleben, zu deren Verwirklichung er im echten Leben viel zu gehemmt war. Als Ziggy durfte er aufmüpfig sein, seinen bi- sexuellen Neigungen nachgehen und allerlei Tabus brechen. Lauter Dinge, die sich der schüchterne Privatmann und Gelegenheits-Saxophonist Bowie wohl nie getraut hätte.

Harald Kepler

Prince
Sign O' The Times (1987)

Im „Rolling Stone" wehrte sich Prince 1990 zum ersten und letzten Mal gegen die Kritik an diesem Doppelalbum: „Man hat über ‚Sign O' The Times' gesagt: ‚Auf der Platte sind einige großartige Songs und einige Experimente.' Ich hasse das Wort Experiment – es klingt, als ob man etwas nicht zu Ende gebracht hat. Na ja, die Leute werden verstehen müssen, daß man nur so ein interessantes Doppelalbum machen kann." Nach dem Ende der Zusammenarbeit mit seiner Band The Revolution bediente sich Prince vier Plattenseiten lang (die Erstauflage der CD ließ er ohne Track-Nummern pressen, damit niemand daheim die Titelreihenfolge ändern kann) aller bewährten und vertrauten Spielarten von traditionellem Rock, Soul, Funk und R&B in aberwitzigen Mixturen und Stilkombinationen. Nie wieder ist er derart ökonomisch mit seinem Genie umgegangen. Die wohltuende Abkehr vom musikalischen Overkill fällt vor allem beim Demo-Sound des hübschen „Starfish And Coffee" und des gehaltvollen

Düsterrockers „The Cross" auf. Inhaltlich zeigt die Platte einen veränderten Prince: Ein prophetischer Rufer in der Wüste („Sign O' The Times") verabschiedet den Endzeit-Hedonismus der „1999"-/„Let's go crazy"-Phase und strebt nach neuen Werten. Treue, lebenslange Partnerschaft („Forever in my life") und Liebe werden wichtiger als reiner Sex. Die göttlichen Schlafzimmerballaden „Slow Love" und „Adore", stampfende Funkknaller wie „Housequake" oder „Strange Relationship" und das betörende „If I Was Your Girlfriend" ergeben zusammen den idealen Hintergrund-Sound für eine Nacht voll erotischer Höhepunkte.

Jörg Peter Klotz

aus: 100 Meisterwerke –
die wichtigsten Platten
der Rockmusik: Siegerehrung.
Musikexpress 12/93

Glossar

Country and Western: Die US-amerikanische populäre (Schlager-)Musik für das flache Land. Wird vor allem in den Plattenstudios von Nashville, Tennessee, produziert.

Coverversion: Eine von anderen als dem/den Originalinterpreten veröffentlichte oder auch nur nachgespielte Fassung eines bekannten und erfolgreichen Titels (abgeleitet von Cover = Schallplattenhülle).

Doo Wop: Der mehrstimmige, harmonisch mitunter komplexe und sparsam intrumentierte Vokalstil zumeist schwarzer Gesangsgruppen, deren Sound die Rhythm-and-Blues-Szene Mitte der 50er Jahre beherrschte (abgeleitet von „doo" und „wop", zwei der zahlreichen Nonsenssilben, die erfunden wurden, um nicht immer nur „aaaaah" zu singen).

Garagenband: Amateurbands, deren musikalische Begeisterung ihr musikalisches Können übertrifft (abgeleitet von den Übungsräumen, die diese Gruppen vorwiegend nutzen).

Label: Die Schallplattenfirma, die die Platte produziert und publiziert. Sei es selbständig (independent) oder als Unterlabel (subsidiary) internationaler Konzerne (EMI, CBS), deren Vertriebssysteme effizienter organisiert sind und ihrem Produkt eine größere Marktchance bieten (abgeleitet von der Marke oder dem Etikett, unter dem eine Platte verkauft wird).

Mods: (= „moderns") Bezeichnung für die jungen Studenten der britischen Art Schools, zu deren äußerlichen Kennzeichen kurze Haare, französischer Chic und der obligatorische Motorroller gehören.

Rockabilly: Die stilistische Mischung weißer Südstaaten-Folklore mit dem schwarzen Rhythm and Blues, die Mitte der 50er Jahre den Anfang des Rock 'n' Roll bis hin zum Outfit ihrer Fans – Wildlederschuhe mit dicken Kreppsohlen (Blue Suede Shoes) – markiert (abgeleitet von Rock und Hillbilly).

Sampling: Das seit Anfang der 80er Jahre praktizierte Verfahren, Teile vorhandenen Klangmaterials durch den Computer herauszufiltern, abzuspeichern und in neue musikalische Zusammenhänge zu integrieren. HipHop und House-Music sind ohne solche Samples undenkbar.

Skiffle: Eine Art hemdsärmeliger Jazz, gestrickt aus Folklore-, Blues- und Jazzelementen und gespielt auf selbstgebastelten Instrumenten (Kamm, Kistenbaß) und akustischen Gitarren oder Banjos.

Kleine Auswahl der weiterführenden Literatur

Lester Bangs: Psychotic Reactions and Carburetor Dung. New York 1988.

Steve Chapple/Reebee Garofalo: Wem gehört die Rock-Musik? Geschichte und Politik der Musikindustrie. Reinbek 1980.

Nik Cohn: AWopBopaLooBopALopBamBoom, Pop History. Reinbek 1971.

Rainer Dollase/Michael Rüsenberg/Hans J. Stollenwerk: Rock People oder Die befragte Szene. Frankfurt/Main.

Werner Faulstich: Vom Rock'n'Roll bis Bob Dylan, Tübinger Vorlesungen zur Rockgeschichte, Teil I 1955–1963. Gelsenkirchen 1983.

Werner Faulstich: Rock als Way of Life, Tübinger Vorlesungen zur Rockgeschichte, Teil II 1964–1971. Gelsenkirchen 1984.

Werner Faulstich: Zwischen Glitter und Punk, Tübinger Vorlesungen zur Rockgeschichte, Teil III 1972–1982. Rottenburg-Oberndorf 1986.

Simon Frith: Jugendkultur und Rockmusik. Reinbek 1981.

Charlie Gillett: The Sound of the City. Frankfurt/Main 1979.

Barry Graves/Siegfried Schmidt-Joos: Das neue Rock Lexikon (2 Bde.) Reinbek 1990.

Greil Marcus: Mystery Train, Der Traum von Amerika in Liedern der Rockmusik. Frankfurt/Main 1992.

Jim Miller (Hrsg.): Rolling Stone. Bildgeschichte der Rockmusik, Band 1 und 2. Reinbek 1979.

Helmut Salzinger: Rock Power oder Wie musikalisch ist die Revolution? Reinbek 1982.

Franz Schöler (Hrsg.): Let it rock. Eine Geschichte der Rockmusik von Chuck Berry und Elvis Presley bis zu den Allman Brothers. München-Wien 1975.

Arnold Shaw: Rock'n'Roll. Die Stars, die Musik und die Mythen der 50er Jahre. Reinbek 1978.

David Toop: Rap Attack. African Jive bis Global HipHop. Andrä-Wördern 1992.

Peter Wicke: BIGGER THAN LIFE, Rock & Pop in den USA. Eine Musikszene. Leipzig 1991.

Frank Zappa with Peter Occhiogrosso: The Real Frank Zappa Book. New York 1989.

Jochen Zimmer: Rock-Soziologie – Theorie und Sozialgeschichte der Rock-Musik. Hamburg 1981.

Peter Zimmermann: Rock'n'Roller, Beats und Punks, Rockgeschichte und Sozialisation. Essen 1984.

Verwendete Literatur

Raoul Hoffmann: Zwischen Galaxis und Underground. © 1971 beim Autor.

Robin Denselow: The Beat Goes On. Popmusik und Politik – Geschichte einer Hoffnung. © Aitken, Stone & Wylie, London 1991. Deutsche Übersetzung von Hubert Manja, © Rowohlt Verlag, Reinbek.

Peter Wicke: Bigger than life. Rock & Pop in den USA. © Reclam Verlag, Leipzig 1991.

Helmut Salzinger: Rock Power oder Wie musikalisch ist die Revolution? © 1982 bei Helmut Salzinger, Odisheim.

Michael Lydon: Rock for Sale. Zit. n. Salzinger, ebd.

Ralph Gleason: Who Is Ripping Off Whom? Zit. n. Salzinger, ebd.

Konrad Heidkamp: WopBopaLooBop. In: Die Zeit Nr. 43 vom 16.10.1992. © 1992 beim Autor.

Michael O. R. Kröher: Awhopbabaloopba! Awhopbamboom! In: Die Zeit, Nr. 13 vom 23.3.1984. © 1984 beim Autor.

Peter Wicke: Bigger than life, a.a.O.

Klaus Humann/Jörg Gülden: Achim Reichel – Rolling Home zum Rock'n'Roll. In: Rock Session 1, Magazin der populären Musik, hrsg. v. J. Gülden und K. Humann. © 1976/1994 bei den Herausgebern.

Raoul Hoffmann: Zwischen Galaxis und Underground, a.a.O.

Peter Wicke: Bigger than life; a.a.O.

Uwe Schleifenbaum: Kult-Künstler bis in alle Ewigkeit: Captain Beefheart. In: Musikexpress/Sounds 2/1994. © 1994 mvg-Verlag, München.

Nik Cohn: AWopBopaLooBoopAWopBamBoom. Pop History. © 1994 R. Piper GmbH & Co.KG Verlag, München.

Michael Rieth: Freiheit und Zwang. Zum Tod von Frank Zappa. In: Frankfurter Rundschau Nr. 284 vom 7.12.1993. © 1993 beim Autor.

Rolf-Ulrich Kaiser: Rock-Zeit. Stars, Geschäfte und Geschichte der neuen Pop-Musik. © Econ, Düsseldorf–Wien 1971.

Helmut Salzinger: Rock Power, a.a.O.

Peter Wicke: Bigger than life, a.a.O.

Peter Wicke, ebd.

Christoph Gurk: Liz Phair. Nenn mich nicht Grrrl, nenn mich nicht Suzanne Vega! © SPEX Verlagsgesellschaft mbH, Köln. Der hier auszugsweise abgedruckte Artikel ist vollständig nachzulesen in SPEX 2/94.

Tibor Kneif: Hard'n'Heavy. In: T. Kneif (Hrsg.): Rock in den 70ern. © 1980 beim Autor.

Anreas Kraatz: Scorpions. © Metal Hammer, München 1988.

Rolf Lindner (Hrsg.): Punk Rock oder: Der vermarktete Aufruhr. © Verlag Freie Gesellschaft, c/o Karin Kramer Verlag, Berlin 1981.

Michael Rieth/Wolfgang Spindler: Das Ding in den weißen Socken. Michael Jackson Gigastar oder: Der Rock('n'Roll) im Zeitalter seiner technischen Reproduzierbarkeit. In: Frankfurter Rundschau Nr. 202 vom 31.8.1992. © bei den Autoren.

Sebastian Zabel: Children of the Rave-o-lution. © SPEX Verlagsgesellschaft mbH, Köln. Der hier auszugsweise abgedruckte Artikel ist vollständig nachzulesen in SPEX 10/90.

Sylvie Simmons: Yurassic Punk. In: Musikexpress/Sounds 2/1994. © mvg-Verlag, München.

Oliver von Felbert: Fahrstuhl zum Schafott. © SPEX Verlagsgesellschaft mbH, Köln. Der hier auszugsweise abgedruckte Artikel ist vollständig nachzulesen in SPEX 2/94.

100 Meisterwerke – die wichtigsten Platten der Rockmusik: Siegerehrung. In: Musikexpress/Sounds 12/1993. © mvg-Verlag, München.

Bildnachweis

Umschlag
Vorderseite: Britische Jugendliche im Rock-'n'-Roll-Fieber. © Harenberg Verlag Dortmund.
Buchrücken: Gibson-Gitarre. Photo: Gallimard, Paris.
Rückseite: Präsentation eines neuen Motorrollers in den fünfziger Jahren. Eclair Mondial. Photo: Gallimard, Paris.

Bildvorspann
1–2   „Rock and Roll Party". Schallplattenhülle. Photo: Gallimard, Paris.
3–5   Bill Haley and His Comets: „Don't Knock the Rock". Lobby-Cards von 1956. Photo: Sunset Boulevard/Raymond Boyer.
6–7   Alan Freed: „Rock, Rock, Rock". Lobby-Card von 1956. Photo: Ebd.
8–9   Bill Haley and His Comets: „Don't Knock the Rock", Lobby-Card von 1956. Photo: Ebd.
11   The Cramps: „Songs the Lord Tought Us". Schallplattenhülle. Photo: Gallimard, Paris.

Erstes Kapitel
12   Bill Haley: „Rockin' the joint!". Montage nach einer Schallplattenhülle. Vogue. Photo: Gallimard, Paris.
13   Brooklyn Gang, 1959. Photo: Magnum/ Bruce Davidson.
14   (links) James Dean, 1955, Photo: Stills/Delange.
14–15   Marlon Brando. Photo aus dem Film „The Wild Ones" von Laszlo Benedek, 1954. Photo: Sipa.
15   Neal Cassady (links) und Jack Kerouac (rechts). University of Lowell, Massachusetts. Photo: Gallimard, Paris.

16–17   Jugendliche in einem Café, 1959. Photo: Magnum / Bruce Davidson.
17   (unten) Ray Charles, Juli 1961. Photo: Sipa.
18   (oben) „The Biggest Show of Stars for '57". Plakat von 1957.
18   (Mitte) „Rhythm and Blues". Postkarte von 1955.
18   (unten) „The Fats Domino Orchestra". Postkarte von 1956.
19   (unten) Johnnie Ray in einem Aufnahmestudio der Columbia Records, 1950. Photo: Magnum / Dennis Stock.
20   Elvis Presley mit den Jordanaires, Florida Theater, Jacksonville. Plakat von 1956.
21   (oben) Elvis Presley: „I Wish You a Merry Christmas". Schallplattenhülle, BGM-RCA. Photo: Gallimard, Paris.
21   (unten) Elvis Presley. Plakat des Films „Rock and Roll Jamboree", 1956.
22–23   Auftritt von Elvis Presley, 1956. In „Elvis Presley, Tutti Frutti ou l'érection des coeurs. Photographies des années de gloire du roi du rock'n'roll". Schirmer und Mosel Verlag, Paris und München, 1954–1960. Photo: Ebenda.
24–25   Elvis Presley „Loving You", 1957. Photo: Stills.
26   (links) Jugendliche in den sechziger Jahren. Photo: Magnum / Erich Hartmann.
26–27   (oben) Kirche in Savannah. Photo: Vu / Stanley Greene.
26–27   (Mitte, oben) „A Religious Concert", Oakland, Plakat von 1958.
26–27   (Mitte, unten) Little Richard. Plakat v. 1956.
27   (rechts) Jugendliche in den sechziger Jahren. Photo: Magnum / Erich Hartmann.
28   (oben) Bill Haley and His Comets: „Don't Knock the Rock". Plakat von 1957.
28   (unten) Rock-'n'-Roll-Tänzer in Deutschland, 1960. Photo: Magnum / René Burri.
29   Bill Haley and His Comets: „Don't Knock the Rock", Plakat von 1957.
30   (oben links) Präsentation eines neuen Motorrollers in den fünfziger Jahren. Eclair Mondial. Photo: Gallimard, Paris.
30   (unten) Eddy Cochran, 1959. Photo: Jean-Louis Rancurel.
31   (oben) Buddy Holly, „The Nashville Sessions". Schallplattenhülle von 1957, MCA. Photo: Gallimard, Paris.
31   (unten) Gene Vincent and the Blue Caps während der sechziger Jahre. Pathé Marconi-EMI. Photo: Stills.

Zweites Kapitel

32   Teenager in den USA während der sechziger Jahre. Photo: Magnum / Dennis Stock.
33   Juke-Box aus den sechziger Jahren. Photo: Sipa / M. Anderson.
34   Jugendliche Konsumenten in einem französischen Warenhaus, um 1960. Henri Cartier-Bresson. Photo: Magnum

35   Chuck Berry, „New Juke-Box Hits". Schallplattenhülle. Photo: Gallimard, Paris.
36   (oben und unten) Rock-Festival im Palais des Sports, Paris 1961. Photo: Jean-Louis Rancurel.
37   (oben) Jugendliche in Deutschland, um 1960. Photo: Magnum / Ian Berry.
37   (unten) The Platters. Schallplattenhülle, Mercury Polygram. Photo: Stills.
38   (oben) „Let's Go Dancing to Rock and Roll". Schallplattenhülle von 1957.
38   (unten) Chuck Berry, 1957. Sammlung Frank Driggs. Photo: Magnum.
38–39   (Mitte, 39 oben) „The In-Between Age". Schallplattenhülle von 1957.
40   Ricky Nelson. Schallplattenhülle von 1958, Imperial Records. Photo: Gallimard, Paris.
41   Little Richard im Olympia, 1966. Photo: Jean-Louis Rancurel.
42   John F. Kennedy bei den Präsidentschaftswahlen 1960. Cornell Capa. Photo: Gallimard, Paris.
42–43   Chuck Berry in Montreux, 1972. Photo: Claude Gassian.
44–45   The Ronettes. Schalplattenhülle von 1963. Philles Records.
46   Rocker, London, sechziger Jahre. Chris Steele-Perkins. Photo: Gallimard, Paris.
46–47   The Orlons: „NOT ME, NOT ME". Schallplattenhülle von 1963, Cameo Records. Photo: Gallimard, Paris.
48   (oben links) Henri Salvador: „Rock and Roll". Schallplattenhülle von 1956, Phillips. Sammlung Jean-Louis Rancurel. Photo: Jean-Louis Rancurel.
48   (oben rechts) Boris Vian. Photo: Gallimard, Paris.
48   (unten) Henri Salvador. Quinio. Photo: Stills.
49   Rockfestival im Palais des Sports in Paris, 1961. Photo: Jean-Louis Rancurel.
50   (oben) „This is it, Cats! Twist Contest", Liberty Theater, Columbus, Georgia. Plakat von 1962.
50   (unten) Im Café „Golf Drouot", 1960. Raymond Depardon. Photo: Gallimard, Paris.
51   Das Café „Golf Drouot, Café d'Angleterre" um 1960. Photo: Jean-Louis Rancurel.
52   Französisches Rock-Festival in Juan-Les-Pins im Sommer 1962. Photo: Jean-Louis Rancurel.
52–53   Johnny Hallyday: „Viens danser le twist". Schallplattenhülle von 1961. Philips. Photo: Gallimard, Paris.

Drittes Kapitel

54   Rocker in Brighton, 1964. George Rodger. Photo: Gallimard, Paris.
56   (unten links) Brian Epstein, 1962. Photo: Imapress/ David Steen.
56   (unten rechts) Die Beatles: „From Me to You". Schallplattenhülle von 1963, Odeon-EMI. Photo: Gallimard, Paris.
57   „With the Beatles". Schallplattenhülle von 1963, EMI. Photo: Gallimard, Paris.

58 Ein Polizist in der Menge während eines Beatles-Konzerts, London, Dezember 1963. Photo: Imapress/Terence Spencer.
58 – 59 Die Beatles: „I Want to Hold Your Hand". Schallplattenhülle von 1963, Odeon-EMI. Photo: Gallimard, Paris.
59 (unten) „Beatlemania", um 1960. Photo: Imapress.
60 (oben) Die Beatles in Hamburg, 1961. Photo: Astrid Kirchherr.
60 (unten) Die Beatles, 1963. Photo: Stills.
61 (oben) Die Beatles in Hamburg, 1961. Photo: Astrid Kirchherr.
61 (unten rechts) Ankündigung eines Beatles-Konzerts in „The Cavern". Plakat aus dem Jahre 1963.
62 (oben) Die Rolling Stones, 1965. Photo: Imapress/David Bailey.
62 – 63 Die Rolling Stones: „Ready, Steady, Go". Fernsehsendung von 1964. Photo: Imapress/Peter Francis.
63 Die Rolling Stones: „Around and Around". Schallplattenhülle von 1964. DECCA. Photo: Gallimard, Paris.
64 Die Rolling Stones, 1964. Photo: Imapress.
65 Die Pretty Things, 1965. King-Collection. Photo: Stills.
66 – 67 The Who. Photo aus dem Film „Quadrophenia", 1975. Sammlung Stills.
67 (oben) Teds und Rocker in Großbritannien. Photo: Magnum/Chris Steele-Perkins.
67 (unten) Die Mode Mary Quants, 1964. Photo: Imapress/Richard Dormer.
68 „British Invasion". Schlagzeile aus: „Who Put The Bomb", 1973.
69 Mick Jagger und das Publikum, Paris 1970. Photo: Jean Louis Rancurel.

Viertes Kapitel

70 Soldat im Vietnamkrieg. Photo: Imapress.
71 Jefferson Airplane: „After Bathing and Baxter". Schallplattenhülle von 1968. RCA-BMG. Photo: Gallimard, Paris.
72 (oben links) Martha and the Vandellas, Fillmore Auditorium, San Francisco. Plakat von 1966.
72 (oben rechts) Marvin Gaye und Johnny Talbot, Sportsman Club, Oakland, Kalifornien. Plakat von 1965.
72 (unten) Otis Redding, 1967. Photo: Jean-Louis Rancurel.
73 (links) „Show and Dance"-Plakat von 1964.
73 (rechts) Die „Jackson Five" um 1969. Photo: Retna/Kate Simon.
74 – 75 Aretha Franklin und James Brown. Photo: Retna/Marino.
75 James Brown, San Francisco. Plakat von 1971.
76 – 77 (oben) Joan Baez bei einer Veranstaltung, 1963. Photo: Magnum/Martine Franck.
76 (Mitte) Joan Baez: „Farewell, Angelina". Schallplattenhülle von 1966. Vanguard. Photo: Gallimard, Paris.

76 (unten) Photo aus einer Frauenzeitschrift von 1982. Photo: Magnum/Martine Franck.
77 Bob Dylan auf einem Konzert im „Olympia", 1966. Photo: Stills/Giancarlo Botti.
78 – 79 Bob Dylan, Berkeley Community Theater, Plakat von 1964.
79 (unten) Bob Dylan, Wilson High School, Long Beach, California. Plakat von 1964.
80 (oben) The Beach Boys: „Surfer Girl". Schallplattenhülle von 1964. EMI. Photo: Gallimard, Paris.
80 (unten) Plakat für den Film „Girls on the Beach" mit den Beach Boys.
81 Joan Baez auf einer Protestveranstaltung in Oakland, 1967. Photo: Associated Press.
82 (links) „Trips Festival", Longshoremen's Hall, San Francisco. Plakat von 1966.
82 – 83 (unten) Jorma Kaukonen, Paul Kantner, Jefferson Airplane, 1967. Photo: Michelle Vignes.
82 – 83 (oben) Jefferson Airplane, Grateful Dead, O'Keefe Center, Toronto. Plakat von 1967. Photo: Michelle Vignes.
83 „Can You Pass The Acid Test?", San Francisco. Plakat von 1966.
84 (links) Quicksilver Messenger Service, San Francisco. Plakat von 1966.
84 (rechts) Big Brother and the Holding Company, San Francisco. Plakat von 1966.
85 (oben) Jefferson Airplane, San Francisco. Plakat von 1966.
85 (unten) Yardbirds, Country Joe and the Fish, San Francisco. Plakat von 1966.
86 The Doors: „Strange Days". Schallplattenhülle von 1967. WEA.
87 (links) Frank Zappa and the Mothers of Invention: „We're Only In It For The Money". Schallplattenhülle von 1967. Vogue. Photo: Gallimard, Paris.
87 (rechts) Frank Zappa, Rom 1974. Photo: Alain Dister.
88/89 Frank Zappa: „Hot Rats". Schallplattenhülle von 1969. Vogue. Photo: Gallimard, Paris.
89 (unten) Frank Zappa: „We're Only In It For The Money". Schallplattenhülle von 1967. Vogue. Photo: Gallimard, Paris.
90 – 91 The Velvet Underground & Nico. Schallplattenhülle von 1967. Verve. Photo: Gallimard, Paris.

Fünftes Kapitel

92 Das Woodstock-Festival. Plakat von 1969.
93 Big Brother and the Holding Company: „Be a Brother". Schallplattenhülle. Photo: Gallimard, Paris.
94 – 95 (oben) Pink Floyd in Paris, 1978. Photo: Claude Gassian.
95 (unten) Syd Barrett, London 1967. Photo: Alain Dister.
96 (unten) Robert Wyatt: „Matching Mole". Schallplattenhülle von 1972. CBS-Sony Music. Photo: Gallimard, Paris.

96 – 97 (oben) Soft Machine: „Third". Schallplattenhülle. CBS-Sony Music. Photo: Gallimard, Paris.
98 The Who auf einem Konzert in Boston. Plakat von 1969.
99 Jimi Hendrix im „Olympia", 1967. Photo: Jean-Louis Rancurel.
100 (links) Jimi Hendrix: „Experience". Schallplattenhülle von 1972. Bulldog Records. Photo: Gallimard, Paris.
100 – 101 Jimi Hendrix in Woodstock, 1969. Photo: Magnum / Elliott Landy.
102 (oben) Janis Joplin in Woodstock, 1969. Photo: Magnum / Elliott Landy.
102 (unten) Janis Joplin: „Pearl". Schallplattenhülle von 1970. CBS-Sony Music. Photo: Gallimard, Paris.
103 Janis Joplin auf einem Konzert. Photo: Magnum / Elliott Landy.
104 – 105 (Hintergrund) Die Menschenmenge auf der Isle of Wight, 1969. Photo: Magnum / David Hurn.
104 – 105 (Mitte) Santana auf dem Woodstock-Konzert, 1969. Elliott Landy. Photo: Gallimard, Paris.
106 – 107 Mai 1968 in Paris. Photo: Magnum / Bruno Barbey.
108 (oben) Led Zeppelin, 1975. Photo: Claude Gassian.
108/109 Iggy Pop, San Francisco. Plakat von 1970.
109 (rechts) Iggy and the Stooges: „Raw Power". Schallplattenhülle von 1977. CBS-Sony Music. Photo: Gallimard, Paris.
110 New York Dolls: „Christmas Ball". Plakat.
111 (links) Johnny Thunders: „Double Trouble". Schallplattenhülle. Photo: Lee Black Childers.
111 (rechts) Johnny Thunders: „Dead or Alive". Plakat von 1985. Photo: Lee Black Childers.
112 – 113 (oben) Brian Eno: „Taking Tiger Mountain By Strategy". Schallplattenhülle. Polygram.
113 (Mitte) Lou Reed: „Transformer". Schallplattenhülle von 1972. RCA-BMG.
113 (unten) David Bowie, 1973. Photo: Claude Gassian.

Sechstes Kapitel

114 Konzert; Tausend Punks in London, 1992. Alistair Spooner. Photo: Gamma.
115 Zeichnung aus: Andrea Pazienza, „Il libro rosso del male", La Nuova Mongolfiera, Editori del Grifo, Montepulciano, 1991. Photo: Ebenda.
116 Elvis Costello: „My Aim is True". Schallplattenhülle von 1982. Stiff Records. Photo: Gallimard, Paris.
117 (oben) Ian Dury, 1978. Photo: David Corio.
117 (unten) Umschlag des Buches „The Velvet Underground" von Michael Leigh. M. B. Books. Photo: M. B. Books, „The Velvet Underground".
118 Jello Biafra, San Francisco. Plakat von 1980.
118 – 119 Photomontage: Plakate von CBGB, New York.
119 (unten) Blackflag, San Francisco. Plakat von 1979.

120 – 121 The Original Pistols Live. Plattencover von 1976. Photo: Gallimard, Paris.
122 The Clash. Schallplattenhülle von 1977. CBS-Sony Music. Photo: Gallimard, Paris.
123 The Clash, 1977. Photo: Alain Dister.
124 – 125 (oben) Buzzcocks. Schallplattenhülle von 1979. Photo: Gallimard, Paris.
124 – 125 (unten) U 2: „Boy". Schallplattenhülle von 1980. Island. Photo: Gallimard, Paris.
125 (oben) The Cure. Plakat, 1990.
126 – 127 The Kinks: „Everybody is in a Show Business". Schallplattenhülle. Photo: Gallimard, Paris.
128 Keith Richards, Lyon 1982. Photo: Claude Gassian.

Zeugnisse und Dokumente

129 Comic aus: Die Abenteuer von Fritz the Cat von Gilbert Shelton und Dave Sheridan. Editions Artefact 1978.
130 The Who; Aufnahme aus dem Jahr 1965. Photo: Ullstein-camera Press Ltd.
132 Jerry Lee Lewis. Photo: Ebd.
136 Die Beatles während eines Konzerts 1970. Photo: Sipa / Rex Features.
137 Die Rolling Stones. Photo: Tom Picton.
139 The Lords (1966). Photo: Ullstein-dpa.
141 Achim Reichel. Photo: Ullstein / Brigitte Heinrich.
142 Jimi Hendrix (um 1968). Photo: Ullstein / Keystone Pressedienst GmbH.
144 Captain Beefheart. Photo: Photo Selection / Michael Putland.
146 Frank Zappa. Photo: Ullstein / Max Kohr.
149 „Love-In" (1967). Photo: Ullstein-AP.
150 – 151 Woodstock-Festival, 1969. Photo: Elliott Landy / Magnum.
154 Janis Joplin während ihres Auftritts in Woodstock 1969. Photo: Elliott Erwitt / Magnum.
157 Madonna. Photo: Claude Terrasson.
159 Liz Phair. Photo: Photo Selection / Matt Anker.
160 Die Scorpions (1993). Photo: Ullstein / Brigitte Heinrich.
163 The Clash (1981). Photo: Ullstein / Henrike Schütz.
165 Jugendlicher Punk in Berlin. Photo: Brigitte Kraemer, Herne.
166 Michael Jackson in Bad (Plattencover). Photo: Gallimard, Paris.
171 Guns N' Roses, Plakat.
172 Die toten Hosen (1993). Photo: Ullstein / Pop-Eye.
174 Langspielplatte. Photo: Bernd Weisbrod, Mainz.
174 – 183 Plattencover aus: Musikexpress 12/1993.

Register

Inhalt